有故事的词语

中华礼仪36问

童问语文编辑室/主编

中国妇女出版社

图书在版编目（CIP）数据

有故事的词语．中华礼仪36问 / 童问语文编辑室主编．-- 北京 ：中国妇女出版社，2024．12．-- ISBN 978-7-5127-2433-4

Ⅰ．G624.203

中国国家版本馆CIP数据核字第2024EP2651号

责任编辑：邢亚丽
封面设计：尚世视觉
责任印制：李志国

出版发行：中国妇女出版社
地　　址：北京市东城区史家胡同甲24号　　邮政编码：100010
电　　话：（010）65133160（发行部）　　65133161（邮购）
网　　址：www.womenbooks.cn
邮　　箱：zgfncbs@womenbooks.cn
法律顾问：北京市道可特律师事务所
经　　销：各地新华书店
印　　刷：天津画中画印刷有限公司

开　　本：170mm×240mm　1/16
印　　张：8
字　　数：120千字
版　　次：2024年12月第1版　　2024年12月第1次印刷
定　　价：39.80元

如有印装错误，请与发行部联系

前言

丁丁的词语故事之旅

丁丁是一个爱学习、爱阅读、爱思考的孩子。自从上了小学，他认识了越来越多的汉字，已经可以自己把一本书从头读到尾了。在书里，丁丁读到许许多多有趣、精彩的故事，真是太过瘾了！丁丁也因此对汉字着了迷，他让妈妈给自己买了讲汉字故事的书，从中了解了汉字的诞生和发展演变，大有收获。

不过，爱思考的丁丁发现，有一些常用字非常好认，也很好懂，但是如果用这些字组成词语，有些就不好理解了。比如，丁丁认识了很多关于动物的字，有“鱼”啊，“羊”啊，还有“马”“牛”“犬”“虎”等。可是为什么老师总是说“丁丁，你真马虎”？为什么做事不仔细被称作“马虎”，而不是“马犬”，也不是“鱼羊”呢？丁丁百思不得其解。

丁丁还认识了很多关于植物的字，比如“树”“林”“柳”“桃”“李”等，这些字都和“木”字有关，很好记。可是，教师节的时候，大家给老师写祝福语，都写“祝老师桃李满天下”。丁丁很困惑：为什么不是“柳树满天下”呢？

新学期到来后，丁丁如愿当上了班里的语文课代表。高兴之余，丁丁的小脑瓜又开始琢磨上了：把“当上”这两个字反过来，为什么就是表示受骗的“上当”呢？

听到丁丁的这些思考和疑问之后，教语文的王老师十分高兴，他赞扬道：“丁丁很聪明，发现了学习语文的诀窍。字和词是中国语言的基本组成元素，我们只有积累了大量的字和词，阅读才能顺畅，语文学习才能畅通无阻。

“我们不仅要大量地认识汉字，更需要认真地学习词语。词语里面不仅集合了汉字知识，而且包含了大量的中国传统文化、历史、民俗等背景知识。每一个词语，其实都蕴含着一个中国故事。所以，学习词语不仅有难度、有挑战，还十分有趣。”

“我明白了，谢谢王老师！从今天开始，我要挑战词语难关！”

目　录

第 1 章 言行举止有礼仪

第2章 传统称谓有礼仪

第3章
习俗仪式有礼仪

第4章 人际交往有礼仪

第5章
个人修养有礼仪

第1章

言行举止有礼仪

yán xíng jǔ zhǐ yǒu lǐ yí

丁丁有话说

自古以来，中国人就将谦谦君子、贤良淑女作为楷模，礼仪文化已渗透进人们生活的方方面面。比如，两个人见面时要拱手行礼，寻求帮助时要说“借光”……这些社交礼仪你都知道吗？

抱拳

人们见面时为什么要抱着拳头？

在古装影视剧中，我们经常会看到，两个人见面时总要相互抱拳。这是为什么呢？其实，这是古时候人们常用的一种礼节。相传，在远古时期，部族之间经常相互征伐，胜利的一方就会让俘虏做自己的奴隶，强迫他们从事各种劳动。为了防止奴隶们逃跑，人们就像管理囚犯一样，给这些奴隶戴上枷锁。久而久之，人们

就形成一种双手合抱成拳的礼节，像是戴着枷锁一样，意思是说自己愿意做对方的奴仆，用来向对方表示最大的敬意。这就是抱拳礼的由来。

在《论语》中有这样的记载：“子路拱而立。”也就是说，早在两千多年前，孔子的学生子路就已经拱手行礼了。这是一种与抱拳礼类似的传统礼节，被称为“拱手礼”。

不过，佛教徒见面时，并不是双手合抱行礼，而是将双手伸平合在一起，十指两两相对，放在胸前，欠身行礼，被称为“合十”或“合掌”，表示诚心向对方献上最崇敬的礼节。这是佛教人士经常使用的礼节。

现在，人与人交往时，抱拳礼和拱手礼已经被握手代替，但并没有完全消失。每逢

chūn jié de shí hou rén men réng jiù xí guàn yǐ gǒng shǒu lǐ xiàng rén biǎo
春节的时候，人们仍旧习惯以拱手礼向人表
dá gōng xǐ fā cái de zhù fú
达“恭喜发财”的祝福。

查一查

下面都是关于礼仪的名言警句，请你查阅相关资料，试着说一说它们的含义。

1.言之无文，行而不远。

2.爱人者，人恒爱之；敬人者，人恒敬之。

3.礼者，所以正身也；师者，所以正礼也。

4.人无礼则不生，事无礼则不成，国家无礼则不宁。

5.夫礼，天之经也，地之义也，民之行也。

握手

见面时为什么要握手？

握手，是当今世界上最常见的问候礼节。生活中，我们随时随地都能看到有人握手，国家领导人见面握手、老朋友见面握手，就连陌生人见面也握手。握手常常伴随着寒暄、致意，表示友好、合作、理解、支持、慰问等不同意义，传达出一种美好的善意。

那么，大家见面时为什么要握手呢？

相传，握手起源于原始社会。当时，人们以狩猎觅食为生，并且部落与部落之间经常打仗。为了防范野兽和其他敌对部落

的袭击，人们手上经常拿着石块或棍棒等武器。

如果遇到野兽和敌人，他们便举起手中的武器；如果遇到素不相识的人，为了表示自己没有恶意，他们便放下手中的武器，伸开手掌让对方看，然后双方互相抚摸对方的掌心，表示手里没有藏武器。这样，人与人之间就可以消除敌意，互不侵犯，甚至结为朋友。后来，这个动作就逐渐演化成了现在的握手，成为全世界通行的一种礼仪。

现在，人们在交往时，通常是先打招呼，然后相互握手、寒暄、致意。握手时，一般距离一步左右，上身稍向前倾，伸出右手，四指并齐，拇指张开，双方伸出手一握即可；通常主人、长辈、上司、女士主动伸出手，客人、晚辈、下属、男士再相迎握手；同时，握手的时间宜短，要热情有力，目视对方。

不过，需要注意的是，如果一个人忽略了握手的先后次序，首先伸出了手，无论他是什么人，对方都应该毫不迟疑地伸手相握。

jiè guāng
借光

借光究竟借的是什么光？

jiè guāng shì qǐng qiú bié rén jǐ yǔ fāng biàn huò xiàng rén xún wèn
借光，是请求别人给予方便或向人询问
shí jīng cháng shǐ yòng de kè tào huà chū zì zhàn guó cè qín
时经常使用的客套话，出自《战国策·秦
cè zhōng de yì zé gù shi
策》中的一则故事。

zhàn guó shí qī qín guó dà chén gān mào zāo jiān chén xiàn
战国时期，秦国大臣甘茂遭奸臣陷
hài yǐn qǐ le qín wáng de cāi yí pò bù dé yǐ táo
害，引起了秦王的猜疑，迫不得已逃
wáng gān mào táo chū qín guó de biān jìng hán gǔ guān shí yù dào
亡。甘茂逃出秦国的边境函谷关时，遇到
le dāng shí yǒu míng de zòng héng jiā sū dài
了当时有名的纵横家苏代。

sū dài zuò wéi qí guó de shǐ jié zhèng yào chū shǐ
苏代作为齐国的使节，正要出使
qín guó jiù hào qí de wèn jiāng jūn nǐ zhè shì
秦国，就好奇地问：“将军，你这是
yào dào nǎ lǐ qù gān mào méi yǒu zhí jiē huí dá sū
要到哪里去？”甘茂没有直接回答苏
dài ér shì wèn dào xiān sheng nǐ tīng guo jiāng
代，而是问道：“先生，你听过江

边姑娘的故事吗？”苏代说：“我没有听过。”于是，甘茂就给苏代讲了一个“借光”的故事。

相传，在一条大江的岸边，住着很多人家。每到夜晚，姑娘们就会带一点儿自己家点灯的油凑到一起，然后把油倒进一盏灯里，一起在灯下做针线活儿。可是，有一个姑娘家里很穷，买不起油。所以，其他姑娘就觉得她占小便宜，准备把她赶走。

于是，这个姑娘对大家说：“我确实拿不出灯油来。可是我每天都会早点儿赶到这里，把屋子打扫干净，把座席铺垫收拾整齐，这对你们来说不是非常方便吗？再说，灯反正是要点亮的，借一点儿余光给我，让我同你们一起做针线活儿，你们又有什么损失呢？”

大家觉得这个姑娘的话很有道理，就把

她留下了。

讲完了故事，甘茂接着说："我现在被迫离开秦国，愿意到齐国去做一些打扫房间、铺设座席的事，希望你不要拒绝我。"苏代明白了甘茂讲这个"借光"的故事，是在寻求他的帮助。苏代早就听说甘茂是一个很有能力的人，回齐国之后，他在齐王面前竭力推荐甘茂。不久，齐王就拜甘茂为上卿，把他留在了齐国。

现在，"借光"已成为普遍使用的礼貌用语。

收藏夹

在汉语里，类似"借光"的谦词或敬词还有很多，快来学一学吧：

托人办事时（拜托）　麻烦别人时（打扰）

初次见面时（久仰）　盼人指点时（赐教）

向人祝贺时（恭喜）　请人受礼时（笑纳）

看望别人时（拜访）　起身作别时（告辞）

鞠躬礼

鞠躬礼是对谁行的礼？

“鞠躬”就是上身向前弯曲，鞠躬礼就是“弯身行礼”的意思。在现实生活中，鞠躬礼是对他人表示敬意的一种礼节，下级向上级或同级之间、学生向老师、晚辈向长辈、服务人员向宾客等都可以弯身行礼。

鞠躬礼在我国有相当长的历史，相传源自古代的祭天仪式。在商朝时有一种祭天仪式，叫“鞠祭”。这种仪式就是将杀死的猪、牛、羊等祭品弯蜷成圆的鞠形，放到祭祀处奉祭，以此来表达祭祀者的恭敬与虔诚。现在，不少地方举行较大祭祀仪式或祭

拜祖宗时，还会把猪、牛、羊或鸡、鸭蜷成鞠形，其实这也是由鞠祭演变而来的。

再后来，这种祭拜仪式慢慢演变成了日常的礼节，变成用弯腰、低头来表达自己的敬意。

在日常社交活动中，人们相互之间大多行15°、30°和45°的鞠躬礼。不过，需要注意的是，弯腰的深浅不同，表示的含义不同，所适用的场合也不同。

比如，弯腰15°左右，表示问候和致谢，常用于与熟人打招呼，或与长辈、上级

cā jiān ér guò shí wān yāo zuǒ yòu biǎo shì chéng kěn hé qiàn
擦肩而过时；弯腰30°左右，表示诚恳和歉
yì cháng yòng yú shāng yè shàng de wǎng lái yóu qí shì jìn chū huì yì
意，常用于商业上的往来，尤其是进出会议
shì huò xiàng kè rén dǎ zhāo hu shí wān yāo zuǒ yòu biǎo shì
室或向客人打招呼时；弯腰45°左右，表示
xiàng duì fāng zhèng zhòng de jìng lǐ huò dào qiàn cháng yòng yú zhōng guó chuán
向对方郑重地敬礼或道歉，常用于中国传
tǒng de hūn lǐ zhuī dào huì děng zhèng shì yí shì fú wù chǎng hé
统的婚礼、追悼会等正式仪式，服务场合
zhōng hěn shǎo shǐ yòng
中很少使用。

趣味点

鞠，本义是古代一种皮制的实心球。因为球是圆形的，所以后来引申出“弯曲”的意思。

“蹴鞠”是指古人以脚蹴、蹋、踢皮球的活动。据史料记载，早在战国时期中国民间就流行娱乐性的蹴鞠游戏，而从汉代开始又成为兵家练兵之法。蹴鞠在唐宋时期最为繁荣，出现了“球不离足，足不离球，华庭观赏，万人瞻仰”的情景。

古代中国的蹴鞠是足球运动的最早雏形。

下榻

为什么是下榻而不是上榻？

外国元首、政要到中国进行访问时，电视或报纸上常说在某宾馆下榻。那么，“下榻”是什么意思呢？其实，“榻”是狭长而较矮的床，泛指床；“下榻”就是住宿的意思。

相传东汉时，豫章南昌（在今江西）有一位高洁之士，叫徐稚，字孺子。由于他满腹经纶，所以在当地很有名望。可是，他从不

羡慕富贵，虽然家境贫寒，却不愿去做官，一直靠耕田种地为生。地方官多次向朝廷推举他，但他安于清贫的生活，坚辞不就。所以，人们称他为“南州高士”。

当时，豫章郡的太守叫陈蕃，他为官清正廉明，非常重视人才，喜欢结交有气节的人。陈蕃十分敬重徐稚的学识和为人，就诚恳地邀他相见，听取他的意见。

陈蕃极少接待宾客，可是他在家里专门为徐稚设了一张榻，平时挂起来，只有把徐稚请来秉烛夜谈时，才将榻放下来让徐稚住宿。徐稚一走，这张榻就又被挂起来了。

唐朝诗人王勃在《滕王阁序》中写道：“物华天宝，龙光射牛斗之墟；人杰地灵，徐孺下陈蕃之榻。”其中，“徐孺下陈蕃之榻”一句就引用这个典故，称赞陈蕃礼贤高士。

后来，人们就把陈蕃的这一做法称为“下榻”，意思就是“留下嘉宾贵客住宿”。渐渐地，“下榻”成为招待宾客的礼仪用语。不过，这种说法只适用于书面语而不适用于口语，现在多用于招待贵宾。

收藏夹

历史上关于榻的故事很多，最著名的莫过于宋太祖赵匡胤的一个故事。960年，赵匡胤黄袍加身，部下拥立其为帝，建立宋朝。随后，他先后攻灭了荆南、后蜀、南汉等割据政权。974年，他召南唐后主李煜到东京（在今河南开封）朝见。李煜害怕自己被扣押，就派人到东京求和。赵匡胤直截了当地说：“卧榻之侧，岂容他人鼾（酣）睡乎？”意思是说：“我自己的床铺边，怎么能让别人安睡呢？”这个典故比喻自己的势力范围或利益不容别人侵占。

程门立雪

程门立雪是指在程家门口堆雪人吗？

冬天，在下雪天堆雪人是一件有趣的事情。那么，“程门立雪”说的是在姓程的人家门口堆雪人吗？其实，它是一个成语典故，说的是北宋著名学者杨时和游酢拜师求教的故事。

当时，洛阳（今属河南）人程颢、程颐兄弟俩都是极有学问的人，专门讲授理学，很多读书人拜他们为师。

杨时不仅好学，而且尊师重道。他考中进士后，原本要被调到外地去做官，但他不为所动，专门来到程颢讲学的地方，以学生

zhī lǐ bài chéng hào wéi shī yǔ lǎo shī xiāng chǔ de shí fēn róng qià
之礼拜程颢为师，与老师相处得十分融洽。
hòu lái yáng shí yào huí fú jiàn lǎo jiā chéng hào sòng tā de shí hou
后来，杨时要回福建老家，程颢送他的时候
shuō nǐ huí jiā le wǒ de xué shuō jiù kě yǐ zài nán fāng chuán
说：“你回家了，我的学说就可以在南方传
bō le
播了。”

sì nián yǐ hòu chéng hào qù shì yáng shí zhī dào zhè jiàn shì
四年以后，程颢去世。杨时知道这件事
hòu jiù zài wò shì lǐ shè le chéng hào de líng wèi kū jì yòu yòng
后，就在卧室里设了程颢的灵位哭祭，又用
shū xìn jiāng chéng hào qù shì de xiāo xi gào zhī tā de tóng xué men tóng
书信将程颢去世的消息告知他的同学们。同
shí yáng shí fā shì yào bǎ lǎo shī de xué shuō fā yáng guāng dà yú
时，杨时发誓要把老师的学说发扬光大，于
shì zhuān mén lái dào luò yáng bài chéng hào zhī dì chéng yí wéi shī
是专门来到洛阳拜程颢之弟——程颐为师，
jì xù qiú xué dāng shí yáng shí yǐ jīng sì shí suì le
继续求学。当时，杨时已经四十岁了。

yǒu yì tiān yáng shí hé yóu zuò
有一天，杨时和游酢
yì qǐ qù bài jiàn chéng yí tā men lái
一起去拜见程颐。他们来
dào chéng yí jiā shí chéng yí zhèng zài bì
到程颐家时，程颐正在闭
mù xiū xi wèi le bù dǎ rǎo lǎo shī xiū
目休息。为了不打扰老师休
xi yáng shí hé yóu zuò jiù gōng gōng jìng jìng
息，杨时和游酢就恭恭敬敬
de zhàn zài mén wài děng zhe yì zhí méi yǒu
地站在门外等着，一直没有
lí kāi
离开。

这时，下起了大雪，杨时和游酢仍然没有进屋，也没有离开。程颐醒来后，门外的积雪已经一尺多厚了，他看到杨时和游酢站在外面，就赶忙让他俩进屋。而杨时和游酢没有一丝疲倦和不耐烦的神情。

于是，人们就以“程门立雪”作为尊师重道的范例，用来形容那些尊敬老师、诚恳求教的人。

查一查

下面都是关于尊师重道的名言，请你查阅相关资料，试着说一说它们的含义。

1.无贵无贱，无长无少，道之所存，师之所存也。（唐·韩愈）

2.古之学者必严其师，师严然后道尊。（北宋·欧阳修）

3.学者必求师，从师不可不谨也。（北宋·程颐）

4.一日为师，终身为父。（清·罗振玉）

5.为学莫重于尊师。（清·谭嗣同）

第2章

传统称谓有礼仪

chuán tǒng chēng wèi yǒu lǐ yí

丁丁有话说

在日常生活中，人们常常喜欢用代称，比如把岳父称为“泰山”、创始人称为“鼻祖”……这些代称都有悠久的历史，成为一种文化传承至今。你知道这些称谓都是怎么来的吗？

泰山

为何称岳父为泰山？

从古至今，人们都把妻子的父亲、母亲称为“岳父”“岳母”，或者“丈人”“丈母娘”。其实，“岳父”还有一个别称，叫“泰山”。那么，为什么要把“岳父”称为“泰山”呢？据考证，这一说法来源于唐朝，与当时的宰相张说有关。

在我国古代，帝王为了宣扬自己的功绩，常常亲自登上泰山，设坛祭天地，称作“封禅”。唐玄宗李隆基继位后，百姓安居乐业，国家繁荣昌盛，出现了著名的“开元盛世”。于是，朝中的大臣纷纷上奏，建

议唐玄宗去泰山封禅。

有一年，唐玄宗决定到泰山封禅，并任命中书令张说为封禅使，负责封禅的一切事务。张说是四朝元老，才华横溢，办事也很有能力，但就是有点儿贪财。按照旧例，有幸跟随皇帝前去封禅的官员，三公以下都可以晋升一级。于是，张说在拟定官员名单时，照顾了很多自己人，其中一个就是他的女婿郑镒。

郑镒本是小小的九品官，按当时的官品级别，根本没有资格跟随皇帝前去封禅。可是，张说利用手中的职权，一夜之间给郑镒连升四级，将他提成了五品官。后来，唐玄宗在宴会上看到郑镒穿着五品官服，感到很奇怪，就问郑镒为什么升得这么快。郑镒支支吾吾，无言以对。

这时，宫廷乐师黄旛绰讥笑道："这就是'泰山'的力量！"唐玄宗听后，这才知道张说徇私，就把郑镒又降为原来的九品官。

自此以后，"泰山"便成为"岳父"的别称，一直流传至今。

趣味点

东岳泰山是五岳之一，有"五岳之首""天下第一山"之称。无论是帝王将相，还是名人宗师，都对泰山仰慕备至。孔子的"登泰山而小天下"传为佳话，杜甫的"会当凌绝顶，一览众山小"也成为千古绝唱。自古以来，中国人还把泰山视为社稷稳定、政权巩固、国家昌盛、民族团结的象征，因此有"泰山安，四海皆安"的说法。

陛下

陛下最初并不是指皇帝？

我们在看古装影视剧时，只要剧中有皇帝出现，就会听到大臣们尊称其为“陛下”。这是为什么呢？

其实，“陛”的本义是台阶，特指皇宫的台阶；“陛下”原来指的是站在台阶下的侍者。上朝时，皇帝坐在宝座上，大臣站在下面，中间隔着台阶，台阶的两侧站着侍者。如果大臣要跟皇帝说话，要先称呼台下的侍者一声“陛下”，然后通过侍者向皇帝传话。设置台阶一是为彰显尊卑之别，二是以防不测。

那么，皇帝为什么对大臣们有这么强烈的戒备之心呢？这要从秦始皇嬴政说起。

公元前247年，13岁的嬴政被立为秦王。之后，嬴政平叛乱、除权臣，独揽大政，他积极推行统一战略，先后消灭了韩国和赵国。接着，秦国的兵锋直指燕国。于是，燕国太子丹决定派人刺杀秦王，以阻挡秦国的攻势。

当时，卫国有个叫荆轲的人，喜欢读书击剑，为人慷慨侠义。于是，燕国豪侠田光就向太子丹举荐了荆轲。荆轲向太子丹献了一个计策：以秦国叛将樊於期首级和燕国督亢（在今河北易县、涿州、固安一带）地图进献秦王，然后趁机行刺。

公元前227年，荆轲辞别太子丹来到秦国，秦王隆重地召见了他。荆轲将地图呈现给秦王，地图展尽，露出了里面的匕首。荆轲拿着匕首直刺秦王，秦王急忙转身躲开，然后拔出宝剑砍断了荆轲的左腿。接着，侍卫们一拥而上，杀死了荆轲。

虽然这次刺杀行动失败了，但是秦王受到了极大惊吓。从此，大臣们只能在台阶下跟秦王说话。后来，“陛下”慢慢地演变为人们对帝王的尊称。

万岁

万岁是指年龄很大的人吗？

众所周知，“万岁”是皇帝的专用称谓，除了皇帝之外，任何人不得僭越使用。在影视剧中，我们常看到古人称皇帝为“万岁”。

其实，“万岁”本来有“永远存在”的意思，表示长生不死、万寿无疆，是臣子对君主的祝贺之辞，并不是皇帝专用的称谓。那么，“万岁”究竟是在何时归帝王专用的呢？

据说，在秦汉以前，“万岁”一词是人们表示内心喜悦和庆贺时使用的欢呼语。到了汉武帝时，“万岁”的称谓才被神圣化。

据《汉书》记载，元封元年（公元前110年），汉武帝登中岳嵩山时，听到有人高呼“万岁”，汉武帝问身边的群臣是谁高呼的，有大臣就献媚恭维说这是中岳山神在迎接他。于是，汉武帝认为是神仙显灵，便下令将“万岁”作为自己的专用称谓。

从此，“万岁”成为皇帝的称谓，但百姓遇到高兴或值得庆贺的事时也会喊“万岁”。

相传，武则天称帝后，特别喜欢别人吹捧她，借此抬高自己的地位。一天，武则天在金銮殿召见翰林院的学士，顺口说了一句：“玉女河边敲叭梆，叭梆！叭梆！叭叭梆！”让学士们对下句。这些学士对答了很多句，武则天都不满意。

这时，有一个学士看穿了武则天的心

思，于是吟出一句："金銮殿前呼万岁，万岁！万岁！万万岁！"武则天听了，非常高兴。

据《宋史》记载，北宋大将曹利用的侄子曹汭喝醉后，让别人喊自己"万岁"，不料被人告发，受杖责而死。可见，宋朝时，只能称皇帝为"万岁"，绝对不允许称其他任何人为"万岁"。

收藏夹

武则天（624—705年），自名武曌，并州文水（在今山西文水）人，唐朝至武周时期的政治家。690年，她登上帝位，改国号为周，成为中国历史上唯一的正统女皇，与汉朝的吕后并称为"吕武"。武则天前后实际掌权近半个世纪，上承"贞观之治"，下启"开元盛世"，史称"贞观遗风"。

公主

公主是皇帝的女儿吗？

很多人认为，公主就是皇帝的女儿。其实，公主并不等同于皇女，宗室女也会被授予公主的身份，而那些未出嫁即夭亡的皇女，在大多数朝代则不会被授予“公主”称号。也就是说，“公主”是中国古代皇女、王女、宗室女的称号。

那么，“公主”这一称呼是怎么来的呢？

周朝时，爵位大致分为公、侯、伯、子、男五级。其中，“公”指各诸侯国的诸侯。周王室姓姬，所以周天子的女儿便被称为“王姬”。

wáng jī yì bān dōu huì jià gěi dì wèi jǐn cì yú tiān zǐ de zhū
王姬一般都会嫁给地位仅次于天子的诸
hóu zhōu tiān zǐ bǎ nǚ ér jià gěi zhū hóu shí zì jǐ bù qīn zì
侯。周天子把女儿嫁给诸侯时，自己不亲自
zhǔ chí hūn lǐ ér shì ràng tóng wéi jī xìng de zhū hóu zhǔ hūn dāng
主持婚礼，而是让同为姬姓的诸侯主婚。当
shí zhōu tiān zǐ de nǚ ér yòu bèi chēng wéi gōng zhǔ zhū hóu
时，周天子的女儿又被称为“公主”。诸侯
de nǚ ér bèi chēng wéi jùn zhǔ bú guò yě kě yǐ chēng wéi
的女儿被称为“郡主”，不过也可以称为
gōng zhǔ
“公主”。

xī hàn chū qī huáng nǚ hé zōng nǚ de cè fēng jìn fēng zhú
西汉初期，皇女和宗女的册封、晋封逐
jiàn xíng chéng zhì dù huáng dì de nǚ ér chēng wéi gōng zhǔ
渐形成制度，皇帝的女儿称为“公主”，
zhū hóu wáng de nǚ ér zé chēng wéi wēng zhǔ hòu lái gōng
诸侯王的女儿则称为“翁主”。后来，“公
zhǔ zhè ge chēng hào yì zhí cóng hàn cháo yán yòng zhì qīng cháo àn zhào
主”这个称号一直从汉朝沿用至清朝。按照
hàn zhì huáng dì de nǚ ér chēng wéi gōng zhǔ huáng dì de zǐ
汉制，皇帝的女儿称为“公主”，皇帝的姊
mèi chēng wéi zhǎng gōng zhǔ huáng dì de gū gu zé chēng wéi dà
妹称为“长公主”，皇帝的姑姑则称为“大
zhǎng gōng zhǔ
长公主”。

dào le qīng cháo gōng zhǔ yòu yǒu le yí gè xīn jiào fǎ
到了清朝，公主又有了一个新叫法——
gé ge bú guò gé ge shì huáng nǚ hé zōng shì nǚ de tǒng
格格。不过，“格格”是皇女和宗室女的统
chēng hòu lái wèi le qū fēn děng jí qīng tài zōng huáng tài jí chéng
称。后来，为了区分等级，清太宗皇太极承
xí míng zhì yòu bǎ huáng nǚ gǎi wéi gōng zhǔ
袭明制，又把皇女改为“公主”。

11 驸马

驸马是什么马？

公元前221年，秦始皇统一中国后，为加强和巩固统治，经常出巡全国。短短的十余年里，秦始皇曾经五次出巡。他每次出巡都有庞大的车队和隆重的仪仗，场面非常宏大。

当时，有一个叫张良的人，出身于贵族，他的祖父和父亲都曾是韩国的相。韩国被秦国灭亡后，张良因国恨家仇，立志刺杀秦始皇。于是，张良散尽家财，招募到一个大力士，并为他打造了一只重达120斤的大铁锤。

公元前218年，秦始皇第三次巡游时，张良带着大力士埋伏在博浪沙（在今河南原阳东南），准备在这里刺杀秦始皇。当时，秦始皇乘坐的是六驾马车，其他大臣乘坐的是四驾马车，很好辨认。

先秦及两汉时期，皇帝出行多乘车，为了保证皇帝的安全，除了皇帝乘坐的正车之外，还设有多辆与正车完全一样的副车，同时副车上还特地设有替身，以掩人耳目，迷惑刺客。因此，张良所找的大力士最终击中的只是一辆副车而已。

这次刺杀虽然失败了，但举世震惊，影响深远。从此，历代皇帝出巡时，都仿效秦始皇的做法，设置副车，并选定替身。汉武帝时，掌管正车的官员称为“奉车都尉”，掌管副车的官员称为“驸马都尉”。

两汉时期，驸马都尉多由皇亲国戚、勋臣的子孙担任。三国时期，魏国的何晏娶曹操的女儿金乡公主为妻后，担任驸马都尉。晋朝时，晋文帝司马昭的女婿王济，也被授予驸马都尉一职。于是，后世沿袭魏晋的做法，凡是与公主结婚的人，都被称为驸马都尉。

后来，人们把“驸马都尉”简称为“驸马”，专指古代帝王的女婿。

太太

太太指的是老人还是妻子？

现在，人们常常称别人的妻子或对人称自己的妻子为“太太”。在旧社会，“太太”专指官吏的妻子，或有权有势的富人对人称自己的妻子为“太太”。

其实，在汉朝时，“太太”是对老一辈王室夫人的尊称。那么，“太太”一词在当时的地位为什么如此之高呢？这主要是因为“太太”来自对“三太”的崇敬。

周朝时，有三位伟大的母亲，分别是太姜、太妊、太姒。她们母仪天下，贤德无比，辅佐和培养了三代君王，成就了周朝

八百年基业。

太姜是周太王的夫人，周文王的祖母，生了太伯、仲雍和季历三个儿子。她端庄贤惠，是周太王的得力助手，周太王所办的大事都和她商量。她以身垂范，使三个儿子从小到大在品德、行为上都没有过失。

太妊是季历的夫人，太姜的儿媳，周文王的母亲。周太王死后，季历继位，称周王季。太妊立身端正，尽心辅佐周王季。太妊在怀周文王时，注重胎教，严格要求自己的言行。后来，周文王奠定了周朝八百年基业。人们都说，这是太妊的教育做得好。

太姒是周文王的夫人，周武王和周公旦的母亲。太姒仁爱和顺、深明大义，成为周文王的夫人后仍然勤勉地做事。她以妇礼、妇道教化天下，被人们尊称为“文母”。

所以，人们将太姜、太妊、太姒合称

sān tài　yǐ　tài tai　zuò wéi duì yǐ hūn nǚ xìng de zūn
“三太”，以“太太”作为对已婚女性的尊
chēng　lái jì niàn zhè sān wèi wěi dà de nǚ xìng　bìng miǎn lì hòu shì
称，来纪念这三位伟大的女性，并勉励后世
nǚ xìng xián dé rú　sān tài
女性贤德如“三太”。

收藏夹

周朝（公元前1046—公元前256年），是中国历史上继夏朝和商朝之后的第三个王朝。周朝总共存在791年，是中国历史上最长的一个朝代。

周朝分为西周（公元前1046—公元前771年）和东周（公元前770—公元前256年）两个时期。西周由周武王姬发创建，定都镐京（在今陕西西安），营建东都洛邑（在今河南洛阳）。公元前770年，周平王东迁，定都洛邑，东周由此开始。

其中，东周以“三家分晋”为节点，又分为春秋（公元前770—公元前476年）和战国（公元前475—公元前221年）两个时期。

鼻祖

鼻祖难道是鼻子的祖先吗？

自古以来，人们喜欢把创始人称为“鼻祖”。那么，古人为什么用“鼻祖”来表示创始人呢？相传，“鼻祖”的来历与唐玄宗李隆基有关。

唐玄宗自幼精通音律，热爱歌舞戏剧表演，很喜欢和唱戏的人在一起。后来，他还设立了教练宫廷歌舞艺人的地方——梨园，把那些擅长歌舞的人召集起来，让他们在梨园练习和训练。所以，人们将唱戏的人称为“梨园弟子”，把唐玄宗称为梨园文化的“鼻祖”。

相传，有一年元宵节，唐玄宗不顾文武百官的反对，让百官和唱戏的人一起过节。这些梨园弟子为了讨好唐玄宗，就扮成平时唐玄宗喜欢看的人物，唱着唐玄宗编的歌曲，在皇宫里尽情地歌舞。

唐玄宗看着那些化装成各种神仙鬼怪的人，一会儿唱歌，一会儿跳舞，一会儿击板，一会儿打鼓，非常热闹，也情不自禁地加入跳舞的队伍中。唐玄宗跳了一会儿，发现别人不是化了妆，就是戴着面具，只有他一个人与众不同。

唐玄宗急中生智，命人找来一些白灰，然后抹在自己的鼻子上，扮成了白鼻子的丑角。唐玄宗高兴地对梨园弟子说：“妆是我亲自化的，我这样就是要与你们同乐。”梨园弟子知道唐玄宗跳得高兴，就陪着唐玄宗一直欢跳到第二天。

后来，戏曲舞台上的丑角都把鼻子画成白色。所以，人们又把唐玄宗称为唱丑角的“鼻祖”。

其实，“鼻祖”这个词，在汉朝时就出现了。东汉许慎《说文解字》一书中有“今俗以始生子为鼻子”的说法，意思是说，把生的第一个儿子称为“鼻子”。这里的“鼻”，就是“第一”“最初”或“开始”的意思。所以，人们就把最早的祖先、创始的祖师称为“鼻祖”。

趣味点

我国民间各行各业都有自己信奉的传统鼻祖。比如，造纸的鼻祖是蔡伦，木匠的鼻祖是鲁班，竹匠的鼻祖是泰山，织布业的鼻祖是黄道婆，酿酒业的鼻祖是杜康，印刷术的鼻祖是毕昇，中医外科的鼻祖是华佗，制茶业的鼻祖是陆羽，制笔业的鼻祖是蒙恬……你还知道哪些行业有自己信奉的传统鼻祖吗？

达人

达人是四肢发达的人吗？

相传，东周时期，国都洛邑有一位芳龄二十的女子，长得非常美丽。当时，有一个出能工巧匠的地方，那里的工匠打造出来的东西精美绝伦，特别是饰品。人们就把这些能工巧匠称为“达人”。

在这些能工巧匠中，有一位英俊的小伙子，经营着一家饰品商铺。自从他见到洛邑这位美丽的女子后，怎么也忘不了，就想娶她为妻。可是，怎样才能娶到这位美丽的女子呢？他苦思冥想了很久，终于想出了一个办法。

tā qīng jìn suǒ yǒu bǎ zì jǐ kǔ xīn jīng yíng duō nián de shāng
他倾尽所有，把自己苦心经营多年的商
pù biàn mài diào huā zhòng jīn pìn qǐng zhù míng de gōng jiàng lì shí
铺变卖掉，花重金聘请著名的工匠，历时
qī qī sì shí jiǔ tiān jīng xīn dǎ zào le yí tào jǔ shì wú shuāng
七七四十九天，精心打造了一套举世无双
de shì pǐn zuò wéi pìn lǐ zhè tào jīng měi de shì pǐn dǎ zào wán chéng
的饰品作为聘礼。这套精美的饰品打造完成
hòu xiǎo huǒ zi yǐ jīng shēn wú fēn wén le
后，小伙子已经身无分文了。

xiǎo huǒ zi bǎ shì pǐn chéng zài nǚ zǐ miàn qián shí zhōng yú
小伙子把饰品呈在女子面前时，终于
gǎn dòng le zhè wèi nǚ zǐ yú shì tā dā ying le xiǎo huǒ zi de qiú
感动了这位女子，于是她答应了小伙子的求
hūn hòu lái tā bǎ zhè tào jīng měi de shì pǐn biàn mài diào shú
婚。后来，她把这套精美的饰品变卖掉，赎
huí le xiǎo huǒ zi de shāng pù bìng pìn qǐng néng gōng qiǎo jiàng dǎ zào le
回了小伙子的商铺，并聘请能工巧匠打造了
hěn duō jīng měi jué lún de shì pǐn wèi le jì niàn zhè duàn làng màn de
很多精美绝伦的饰品。为了纪念这段浪漫的
ài qíng tā men biàn bǎ shāng pù qǔ míng wéi dá rén fāng zhè
爱情，他们便把商铺取名为“达人坊”。这
ge měi lì de chuán shuō yì zhí liú chuán zhì jīn
个美丽的传说一直流传至今。

qí shí dá rén yì cí zuì zǎo jiàn yú zuǒ
其实，“达人”一词最早见于《左
zhuàn zhāo gōng qī nián shèng rén yǒu míng dé zhě ruò bù dāng
传·昭公七年》：“圣人有明德者，若不当
shì qí hòu bì yǒu dá rén zhè lǐ de dá rén zhǐ tōng
世，其后必有达人。”这里的“达人”指通
dá shì lǐ míng dé biàn yì de rén yì si shì shèng rén rú guǒ
达事理、明德辨义的人。意思是：圣人如果
bǎ měi hǎo de pǐn dé chuán bō xià qù jí biàn dāng qián méi yǒu chǎn shēng
把美好的品德传播下去，即便当前没有产生

影响，以后一定会有通达事理、明德辨义的人出现。现在，“达人”多指在某一领域非常专业、出类拔萃的人物，即在某方面很精通的人。

收藏夹

当我们赞美别人时，可以用到哪些成语呢？

1.赞美别人读书非常多：学富五车　汗牛充栋
2.赞美别人非常会说话：出口成章　妙语连珠
3.赞美别人很会写文章：妙笔生花　文思泉涌
4.赞美别人技艺很高超：炉火纯青　巧夺天工

老头子

老头子是对人的一种尊称吗？

清朝乾隆年间，有一位知名的学者叫纪晓岚。他才华出众，机敏多变，诙谐滑稽，素有“风流才子”和“幽默大师”的称号。

1772年，乾隆皇帝组织了一批著名的文人学者，准备编修《四库全书》，纪晓岚被任命为总纂官。

据清朝文献记载，纪晓岚是个大胖子。盛夏时节，酷热难耐，他索性脱掉上衣，袒胸露背地在书馆里校阅书稿。乾隆皇帝听说后，就想找机会捉弄他一下。

一天，纪晓岚又光着膀子在书馆里校

阅书稿。这时，乾隆皇帝不让人通报就来到了书馆。纪晓岚发觉时，乾隆皇帝已经走到门口了，根本来不及穿上衣服。于是，纪晓岚赶忙把脖子一缩，钻到了书桌底下，并随手用帷幔裹住身体。

乾隆皇帝没找到纪晓岚，但看到书桌的帷幔在抖动，就明白是怎么回事儿了，于是故意不让人说话，悄悄地坐在书桌旁边。

过了好一会儿，纪晓岚听不到一点儿动静，以为乾隆皇帝已经走了，便探出头问道：“老头子走了吗？”不料，乾隆皇帝就在他旁边坐着呢！乾隆皇帝佯装大怒：“‘老头子’三个字做何解释？”

大家都为纪晓岚捏了一把汗。纪晓岚却从容地答道："万寿无疆叫作'老'，顶天立地叫作'头'，天父与地母是皇上的父母，所以皇上叫作'子'。"乾隆皇帝听后转怒为喜，并夸奖纪晓岚会说话。

从此，"老头子"作为一种礼貌用语便流传开了。不过，现在它只是一种亲热的称呼，专指年老的男子，或妻子对老年丈夫的爱称。

收藏夹

《四库全书》，全称《钦定四库全书》，是清朝乾隆皇帝组织编修的大型丛书。由总纂官纪晓岚等360多位官员、学者编撰，3800多人抄写，耗时10多年编成。全书分经、史、子、集四部，故名"四库"。该书共收录3460余种书目，共计79300余卷（文渊阁本），是中国历史上规模最大的一部丛书。

第3章

xí sú yí shì yǒu lǐ yí

习俗仪式有礼仪

丁丁有话说

中国素有“礼仪之邦”之称，不仅吃穿住行等日常生活讲究礼仪，婚丧嫁娶等重要活动更讲究礼仪。比如，倒贴“福”字是什么寓意？为什么用桃子给老人祝寿？……你知道这些传统习俗都包含什么礼仪吗？

拜天地

拜天地是在跟天地说拜拜吗？

拜天地，又称拜堂，是中国传统婚礼仪式。拜天地之后，新郎新娘即正式结为夫妻。那么，拜天地的风俗是如何形成的呢？

相传，女娲造人时，起初只造了一个英俊的小伙子。这个小伙子觉得一个人很闷，总是唉声叹气。一天晚上，他对月亮说："如果月亮能给我找个

伴儿陪着我，让我不再孤单，我一定会记住月亮的恩情。”

谁知道，小伙子刚说完，一个白眉长须的老人来到了他面前，微笑着说：“小伙子，我看你这么心诚，就帮你完成这个愿望吧。不过，你要等我一会儿。”说完，老人就不见了。

过了好大一会儿，老人领着一个美丽的姑娘回来。原来，他让女娲又造了一个人。老人对小伙子说：“你们先认识一下，等会儿我给你们办喜事。”小伙子和姑娘情投意合，都很喜欢对方。

这时，老人领着另外两个白发白须的老人来到小伙子和姑娘面前，说：“这是天公和土地公，你们要感谢他们养育了你们。”于是，小伙子和姑娘办喜事时，老人让他们对着天公和土地公拜了三拜。刚拜完，三位老人全不见了。

有了姑娘的陪伴，小伙子每天起早贪黑，辛勤地在田里干活儿。姑娘也很勤劳，在家给小伙子烧火做饭，两个人恩恩爱爱地过着幸福的日子。

为了感谢天地滋养万物、感谢父母养育之恩、感谢姻缘互尊互爱，后来新郎新娘结婚时，都会拜三拜：一为拜天地，二为拜父母，三为夫妻对拜。慢慢地，结婚“拜天地”的习俗在全国许多地区流传开来。

收藏夹

女娲，又称娲皇，历史上称她为女娲氏，是中国上古神话中的创世女神。相传，女娲不但是补天救世的英雄和抟(tuán)土造人的女神，还是一位创造万物的自然之神。女娲文化源远流长，博大精深，内容丰富，是史前文明和中华民族优秀传统文化的重要组成部分，也是已经开展的中国史前文明探源的重要研究对象。

méng gài tou

蒙盖头

蒙盖头是为了捉迷藏吗？

古人结婚时，新娘头上都会蒙一块别致的大红绸缎，称为红盖头。这块红盖头要在入洞房时由新郎揭开。那么，新娘为什么要蒙红盖头呢？难道是为了捉迷藏吗？其实，这是我国古代女性出嫁时的一种礼仪。

传说，远古时期洪水泛滥。一次洪水过后，只剩下伏羲、女娲二人。他们为了繁衍人类，结为夫妻。但是，他们觉得很害羞，于是女娲就用草做成扇子来遮脸。渐渐地，人们觉得用丝织物遮脸，比扇子轻柔、简便、美观。后来，用扇子遮脸慢慢就被盖头

méng tóu dài tì le
蒙头代替了。

qí shí zhè zhǐ shì yí gè chuán shuō ér yǐ zuì zǎo de gài
其实，这只是一个传说而已。最早的盖
tou yuē chū xiàn zài nán běi cháo shí de qí dài dāng shí shì fù nǚ bì
头约出现在南北朝时的齐代，当时是妇女避
fēng yù hán shǐ yòng de tóu jīn zhǐ gài zhù tóu dǐng hòu lái rén
风御寒使用的头巾，只盖住头顶。后来，人
men gǎi biàn le tóu jīn de yòng chù dào táng cháo shí tóu jīn jiù yǎn
们改变了头巾的用处。到唐朝时，头巾就演
biàn chéng yì zhǒng cóng tóu pī dào jiān de wéi mào yòng lái zhē xiū jù
变成一种从头披到肩的帷帽，用来遮羞。据
shuō táng xuán zōng lǐ lóng jī wèi le biāo xīn lì yì mìng lìng gōng nǚ
说，唐玄宗李隆基为了标新立异，命令宫女
zài wéi mào shàng zài gài yí kuài báo shā zhē zhù liǎn hòu lái yǎn biàn chéng
在帷帽上再盖一块薄纱遮住脸，后来演变成
yì zhǒng zhuāng shì wù
一种装饰物。

zài hòu lái gài tou zài mín jiān
再后来，盖头在民间
zhú jiàn liú xíng qǐ lái chéng wéi xīn niáng
逐渐流行起来，成为新娘
bù kě huò quē de xǐ qìng zhuāng shì zài
不可或缺的喜庆装饰。在
wǒ guó chuán tǒng wén huà zhōng hóng sè xiàng
我国传统文化中，红色象
zhēng zhe jí xiáng xǐ qìng yě xiàng zhēng
征着吉祥、喜庆，也象征

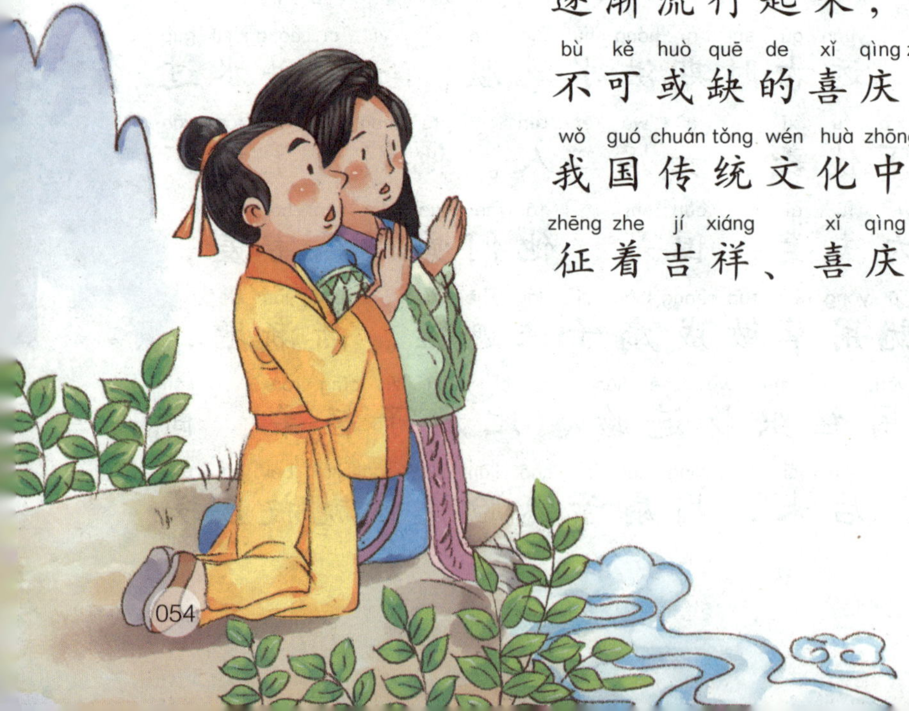

zhe zhuāng yán zūn guì shí zhì
着庄严、尊贵。时至
jīn rì suī rán quán guó gè dì bú
今日，虽然全国各地不
duàn yí fēng yì sú dàn zài shǎo shù
断移风易俗，但在少数
dì qū méng hóng gài tou réng rán zuò
地区，蒙红盖头仍然作
wéi yíng qīn lǐ yí zài shǐ yòng
为迎亲礼仪在使用。

学传统

中国民间的婚俗礼仪里，有“三书六礼”的说法。什么是“三书六礼”呢？

“三书”指的是聘书、礼书、迎书。“三书”是对婚姻的保障，其实就相当于现代的结婚证。聘书是男方给女方定亲的文书。礼书是过大礼的时候标明大礼的物品及数量时用到的。迎书是在迎娶新娘过门时男方给女方的文书。

“六礼”指六个礼法，分别是纳采、问名、纳吉、纳征、请期和亲迎。这些礼法规定了从提亲到迎亲的整个婚俗的具体环节和流程。

随着时代的发展，这些礼仪已经被简化了，不过我们从中可以看到传统文化的博大精深。

冠礼

冠礼是一种礼品吗？

冠礼，是古代汉族男子的成年礼，是给跨入成年人行列的男子举办的礼仪，表示他已经成人，可以婚娶。在氏族社会，男女青年举行成年礼以后，才能作为一个成年人参加氏族的各项活动。

据记载，冠礼起源于周朝，两汉时期普遍在民间施行。按照周朝的制度，男子二十岁可举行冠礼，所以二十岁称“弱冠之年”。不过，天子诸侯为早日执掌国政，多提前行礼。传说，周文王十二岁行冠礼，周成王十五岁行冠礼。举行冠礼的仪式非常

讲究，需要由家族长辈，常常是受冠者父亲在宗庙或祖宗祠堂内为年轻人主持仪式，并准备礼品用来祭告天地、祖先。

顾名思义，冠礼就是给年轻人举行戴帽子的仪式。那么，戴帽子有什么意义呢？古时候，人们非常注重帽子（冠），认为戴在头上的帽子代表着尊严。所以用戴帽子的方式代表一个人的成年，从此他就是一个有尊严的人。

在周朝举行冠礼时，一般由受冠者的父亲给男子戴上帽子，而且要戴三次。第一次戴的叫缁布冠，以黑麻布制作，表示从此有治人（当官）的资格；第二次戴的叫皮弁，以白鹿皮制作，表示从此要为国出力（服兵役）；第三次戴的叫爵弁，也称玄冠，以赤而微黑的葛布或丝帛制作，表示从此有参加祭祀的权利。

简单来说，给年轻人举行冠礼的目的，就是提示他从此以后是成年人了，要履践孝、悌、忠、顺的德行，承担起自己的家庭责任和社会责任。因此，冠礼被称为华夏礼仪的起点，在礼仪文化中占有极高的地位。

学传统

下面这些都是由“冠礼”衍生的汉语名词，快来学一学吧！

冠岁：男子二十岁。

弱冠：古代男子二十岁行冠礼，表示已成人，但体犹未壮，故称“弱”。

冠者：成年人。

冠字：男子冠岁时赐的字。

冠士：已行过冠礼的成年之士。

冠子：已行过冠礼的男子，指二十岁的成年男子。

笄礼

笄礼也是一种成年礼吗？

笄礼，也是一种传统的成年礼。不过，笄礼是汉族女子的成年礼。笄，指发簪。所谓行笄礼，就是改变女子幼年时候的发型，将头发绾成一个髻，盘至头顶，然后用一块黑布将发髻包住，用簪子固定发髻，以表示女子已经成年，可以婚嫁，或者已经出嫁。

自周朝起，贵族女子在订婚以后、出嫁之前举行笄礼，一般十五岁举行，称为“及笄”；如果一直待嫁，则可以二十岁再举行笄礼。举行笄礼之后，一般要在君王的宫殿或宗室接受成人教育，学习“妇德、妇容、妇功、妇言”等行为准则与道德规范。

行笄礼与行冠礼一样，首先选择一个好日子，然后邀请宾客来参加这一仪式。参礼人员一般包括受笄者、父母，以及有德才的女性长辈，同时还要邀请一些观礼人，比如女子的姐妹等。

举行笄礼时，一般由受笄者的母亲给女子加笄（用簪子束发），也要加三次，并且每加一次，受笄者都要向宾客展示一下，并行跪拜礼。第一次加的是发笄，加完后要面向父母行跪拜礼，表示感谢父母养育之恩；第二次加的是发钗，加完后要面向正宾跪拜，表示对师长和长辈的尊敬；第三次加的是钗冠，加完后要跪拜上天，表示要敬事

shén míng
神明。

zài lì shǐ shàng jī lǐ de xiàng zhēng yì yì hé guàn lǐ yí yàng
在历史上，笄礼的象征意义和冠礼一样
zhòng dà tóng yàng yě shì huá xià lǐ yí de qǐ diǎn zài nián qīng nǚ
重大，同样也是华夏礼仪的起点，在年轻女
zǐ de chéng zhǎng guò chéng zhōng qǐ zhe jù dà de jī lì hé gǔ wǔ zuò
子的成长过程中起着巨大的激励和鼓舞作
yòng shí zhì jīn rì wǒ guó mín jiān réng rán yǒu nǚ zǐ zài chū jià
用。时至今日，我国民间仍然有女子在出嫁
shí jiāng tóu fa wǎn shù chéng jì yòng zān zi gù dìng jié hūn hòu yě
时将头发绾束成髻，用簪子固定，结婚后也
shū zhè zhǒng fà xíng yǐ shì yǔ hūn qián de fà xíng míng xiǎn bù tóng
梳这种发型，以示与婚前的发型明显不同。
zhè yě suàn bǎo liú le yì xiē jī lǐ fēng sú ba
这也算保留了一些笄礼风俗吧。

学传统

中国古代对女孩的各个年龄阶段都有一种美称。请你查一查字典，在括号里写出加点字的读音。

髫（ ）年：七岁

金钗（ ）：十二岁

豆蔻（ ）：十三四岁

及笄（ ）：十五岁

【参考答案】

髫（tiáo） 钗（chāi） 蔻（kòu） 笄（jī）

磕头

春节为什么要磕头？

磕头，又称叩首，是旧时最为郑重的一种生活礼节。早在两三千年前，古人就以磕头跪拜来表示礼貌、尊敬。现在，虽然人们已经很少使用磕头的礼节，但是在祭祀、婚丧等大型活动中仍会有这种礼节。尤其在庆贺中国传统节日春节时，为了表达对亲朋好友的美好祝福，有些地方拜年时不仅互相问好，而且晚辈要向长辈磕头行礼。那么，春节时为什么要磕头呢？

这要从古人的生活习惯和物质条件说起。东汉以前，椅子和凳子还没有出现，人

们吃饭、看书、议事时，一般都是在地上铺一条席子坐在上面，所以称为“席地而坐”。当时，上至豪门贵族，下至平民百姓，一律席地而坐，区别只在于有没有坐垫、是哪一种坐垫而已。不过，这种“坐”与现代人的“坐”完全不一样。

当时，人们席地而坐时，习惯双膝着地，然后将臀部坐于自己两腿和脚跟之上，脚掌向后向外。古人的这种坐姿，其实就是我们现在的跪。这样坐时，当有客人或长辈到来，或者在谈话中向人致谢时，人们很自然地就会从跪坐变成上半身直立、小腿着地的跪姿，然后俯身向下，双手撑地，以表示尊敬。久而久之，由此形成了跪拜礼。再后来，逐渐发展成为多次俯身，形成了磕头礼。

现在，磕头礼不再是一种强制性的礼节，但这种礼节所包含的尊重老人、孝敬父

mǔ de jīng shén zài zhōng guó yì zhí liú chuán xià lái bǐ rú yí
母的精神，在中国一直流传下来。比如，一
dào chūn jié děng chuán tǒng jié rì wǎn bèi dōu yào qù kàn wàng zhǎng bèi
到春节等传统节日，晚辈都要去看望长辈，
bìng biǎo shì zhēn chéng de wèn hòu hé zhù fú
并表示真诚的问候和祝福。

学传统

稽首、顿首和叩首是古代中国传统的三种跪拜礼节，虽然都是跪拜礼，但它们有着明显的区别。

稽首：行礼时，施礼者屈膝跪地，左手按在右手上，拱手于地，头也缓缓至于地，且停留一会儿。“稽”是“停留，拖延”的意思。稽首礼是最敬重的礼节，常在重大的祭祀活动中，或是臣子拜见君主时使用。

顿首：行礼时，施礼者屈膝跪地，先拱手至于地，然后引头至地，便立即举起。因为头接触地面时间很短，只是略作停顿，所以叫顿首。顿首通常用于地位相等或平辈间的敬礼，在一些正式场合，如婚礼、葬礼等使用。

叩首：行礼时，施礼者伏身跪下，两手扶地，以头近地或着地。通常在特定的大礼场合，如敬天、敬地、敬祖先，或者特殊的大事件，或向先师、亲生父母、祖辈表示尊敬时使用。

贴双“喜”

贴双“喜”是因为双喜临门吗？

人们在结婚办喜事时，都会在家里贴上双“喜”字，象征男女欢喜，家庭美满。那么，贴双“喜”的习俗是从何而来的呢？

相传，一年轻书生进京赶考，路经马家镇，看见当地一个员外家门口挂着一盏走马灯，灯上写着半副对联：“走马灯，灯走马，灯熄马停步。”原来，这是员外的女儿在招亲，谁能对上下联就选谁做丈夫。

书生看罢，十分欣赏这半副对联。可是，他因为着急去赶考，便急匆匆地离开了。

到京城后，书生顺利地闯过了诗、

赋、策论三关。面试时，主考官指着厅外的飞虎旗，说：“飞虎旗，旗飞虎，旗卷虎藏身。”书生想到之前看到的招亲对联，便不假思索地答道：“走马灯，灯走马，灯熄马停步。”主考官见他对得既快又工整，赞叹不已。

考完试，书生还惦记着员外家的招亲对联，不等发榜就赶赴员外家，当他看见那盏走马灯还挂在门口时，立即写下了主考官的上联：“飞虎旗，旗飞虎，旗卷虎藏身。”员外见他对得既巧妙又工整，就答应把女儿许配给他。

结婚当天，官差来报，书生金榜题名，得中进士！古人认为，人生有四大喜事：久旱逢甘雨，他乡遇故知，洞房花烛夜，

金榜题名时。一次巧合竟成就了书生两大喜事。于是，书生在红纸上写了两个大大的“喜”字，命人贴在大门上。

从此，贴双“喜”就有了吉祥的含义，作为新婚之喜的象征，相沿至今。

收藏夹

学一学下面这些带“喜”字的成语，大家都来沾点儿喜气吧！

喜气洋洋　喜出望外

喜笑颜开　喜从天降

喜形于色　大喜过望

欣喜若狂　欢天喜地

tiē dào fú
贴倒“福”

倒贴“福”字会有福气来到吗？

chūn jié tiē fú zì shì zhōng guó mín jiān liú chuán yǐ jiǔ
春节贴“福”字，是中国民间流传已久
de fēng sú měi féng xīn chūn jiā jié jiā jiā hù hù dōu huì dào zhe
的风俗。每逢新春佳节，家家户户都会倒着
tiē fú zì wèi shén me mín jiān huì yǒu dào tiē fú zì
贴“福”字。为什么民间会有倒贴“福”字
de xí sú ne xiāng chuán zhè yǔ míng tài zǔ zhū yuán zhāng yǒu guān
的习俗呢？相传，这与明太祖朱元璋有关。

nián zhū yuán zhāng chēng dì dìng dū yìng tiān fǔ
1368年，朱元璋称帝，定都应天府
zài jīn jiāng sū nán jīng guó hào dà míng nián hào hóng wǔ
（在今江苏南京），国号大明，年号洪武，
shǐ chēng míng tài zǔ dāng chū zhū yuán zhāng gāng gōng rù yìng tiān fǔ
史称明太祖。当初，朱元璋刚攻入应天府
shí yǒu hěn duō rén fǎn duì tā yú shì tā xiǎng
时，有很多人反对他。于是，他想
bǎ zhè xiē fǎn duì zì jǐ de rén quán bù shā diào
把这些反对自己的人全部杀掉。

wèi le qū fēn nǎ xiē rén zhī chí zì jǐ nǎ
为了区分哪些人支持自己、哪
xiē rén fǎn duì zì jǐ zhū yuán zhāng jiù pài rén gěi
些人反对自己，朱元璋就派人给

那些支持和帮助过自己的人家发一个“福”字，让他们贴在门上作为暗记。门上没有贴“福”字的人家，第二天就按通贼罪统统杀掉。

马皇后知道后，为了消除这场灾祸，就悄悄地命令全城的老百姓必须在天明之前在各自门上都贴一个“福”字。皇后的旨意自然没人敢违抗。于是，各家各户都在自家门上贴了“福”字。其中有一户不识字的人家，竟把“福”字贴倒了。

第二天，朱元璋派御林军去抓那些家门口没有贴“福”字的人。不久，御林军回来禀报全城的老百姓家家都贴了“福”字，但有一户人家把“福”字贴倒了。朱元璋听后，勃然大怒。

马皇后趁机对朱元璋说：“将‘福’字倒贴，是有‘福到了’之意。那家人把

‘福’字倒贴，是在赞扬皇上您开辟大明江山，给百姓带来了幸福，这是对皇上由衷的感恩哪！”

朱元璋听了这话，立刻转怒为喜，龙颜大悦，便取消了杀人的圣命，一场大祸终于消除了。从此，民间就留下了倒贴“福”字的习俗，一是求吉利，二是纪念马皇后。

趣味点

一个“福”字寄托了中国人对幸福生活的向往，也是对美好未来的祝愿。关于祝福的成语有很多，快来读一读吧！

祝福学生：金榜题名　前程似锦

祝福事业：鹏程万里　蒸蒸日上

祝福老人：福如东海　寿比南山

祝福新婚：白头偕老　百年好合

送寿桃

为什么用桃子给老人祝寿?

在我国很多地方，每当老人过生日时，做儿女的都要送一份寿礼给老人，寿礼中通常包含一个寿桃，用于祝老人幸福、健康、长寿。这是为什么呢？原来，古时候人们认为老人吃了寿桃会变年轻，进而长寿。相传，送寿桃祝寿的习俗源于孙膑。

战国时期，孙膑离家求学，远赴千里，拜鬼谷子为师，潜心学习兵法。

yì huǎng shí èr nián guò qù le zài cǐ qī jiān sūn bìn méi huí guo
一晃十二年过去了，在此期间，孙膑没回过
yí cì jiā yě méi xiě guo yì fēng jiā xìn
一次家，也没写过一封家信。

yǒu yì nián wǔ yuè chū wǔ sūn bìn měng rán xiǎng qǐ mǔ qīn mǎ
有一年五月初五，孙膑猛然想起母亲马
shàng yào guò bā shí suì shēng rì le yáng yǒu guì rǔ zhī ēn wū yā
上要过八十岁生日了，羊有跪乳之恩，乌鸦
yǒu fǎn bǔ zhī qíng qín shòu shàng zhī ēn tú bào ér zì jǐ yǐ jīng
有反哺之情，禽兽尚知恩图报，而自己已经
shí èr nián méi yǒu bào dá mǔ qīn de yǎng yù zhī ēn le yú shì
十二年没有报答母亲的养育之恩了。于是，
tā xiàng shī fu gào jià huí jiā tàn wàng mǔ qīn
他向师父告假，回家探望母亲。

guǐ gǔ zǐ tīng shuō sūn bìn yào huí jiā wèi mǔ qīn guò shòu jiù
鬼谷子听说孙膑要回家为母亲过寿，就
shuǎng kuai de dā ying le lín xíng qián guǐ gǔ zǐ zhāi xià yí gè
爽快地答应了。临行前，鬼谷子摘下一个
táo zi sòng gěi sūn bìn shuō zhè táo zi wǒ cóng bù qīng yì
桃子送给孙膑，说："这桃子我从不轻易
sòng rén xiàn zài wǒ sòng nǐ yí gè dài huí qù gěi nǐ de mǔ qīn zhù
送人，现在我送你一个带回去给你的母亲祝
shòu sūn bìn xiè guò shī fu zhī hòu jiù jí cōng cōng de tà shàng
寿。"孙膑谢过师父之后，就急匆匆地踏上
le huí jiā de lù
了回家的路。

sūn bìn huí dào jiā hòu kàn dào mǔ qīn miàn róng qiáo cuì biàn
孙膑回到家后，看到母亲面容憔悴，便
pěng chū shī fu sòng de táo zi ràng mǔ qīn chī xià méi xiǎng dào mǔ
捧出师父送的桃子让母亲吃下。没想到，母
qīn chī wán táo zi liǎn shàng de zhòu wén bú jiàn le hūn huā de
亲吃完桃子，脸上的皱纹不见了，昏花的
shuāng yǎn biàn de míng liàng le xuě bái de tóu fa biàn chéng le rú mò
双眼变得明亮了，雪白的头发变成了如墨

de qīng sī jiù lián diào le de yá yě zhǎng le chū lái
的青丝，就连掉了的牙也长了出来。

sūn bìn de mǔ qīn chī le táo zi biàn nián qīng de xiāo xi xùn
孙膑的母亲吃了桃子变年轻的消息，迅
sù zài mín jiān chuán kāi dà jiā yě xiǎng ràng zì jǐ de fù mǔ jiàn
速在民间传开，大家也想让自己的父母健
kāng cháng shòu yú shì dōu zài fù mǔ guò shēng rì shí sòng shàng táo zi
康长寿，于是都在父母过生日时送上桃子
zhù shòu hòu lái rén men zài méi yǒu táo zi de jì jié jiù yòng
祝寿。后来，人们在没有桃子的季节，就用
miàn fěn zuò chéng shòu táo zhēng shú le sòng gěi fù mǔ bài shòu jiàn jiàn
面粉做成寿桃，蒸熟了送给父母拜寿。渐渐
de sòng shòu táo jiù chéng le zhōng guó mín jiān de yí gè xí sú
地，送寿桃就成了中国民间的一个习俗。

收藏夹

鬼谷子，原名王诩，别名禅，生卒年不详。他是战国时期著名谋略家，诸子百家中纵横家的创始人，是中国历史上一位极具神秘色彩的人物。传说他的额前有四颗肉痣，相貌奇特。他隐居在云梦山鬼谷，故自称鬼谷先生。

后世认为鬼谷子身怀旷世绝学，智慧卓绝，精通百家学问，因此尊其为“谋圣”。

第4章

人际交往有礼仪

(rén jì jiāo wǎng yǒu lǐ yí)

丁丁有话说

在人与人交往的过程中，礼仪是必不可缺的一部分。比如，家里来了客人为什么要敬茶？搬家为什么叫“乔迁”？请人吃饭时为什么说“做东”？……这些社交礼仪背后有着怎样的故事呢？我们一起来看看吧。

jìng chá

24 敬茶

敬茶是尊敬茶的意思吗？

zǎo zài duō nián qián de zhōu cháo chá jiù bèi fèng wéi
早在3000多年前的周朝，茶就被奉为
lǐ pǐn yǔ gòng pǐn dào liǎng jìn nán běi cháo shí kè lái jìng
礼品与贡品。到两晋、南北朝时，客来敬
chá yǐ jīng chéng wéi rén jì jiāo wǎng de zhòng yào lǐ yí sòng cháo
茶已经成为人际交往的重要礼仪。宋朝
dà wén háo sū dōng pō bù jǐn shì
大文豪苏东坡，不仅是
yí wèi wén xué jiā ér qiě shì yí
一位文学家，而且是一
wèi chá dào gāo shǒu wèi rén men liú
位茶道高手，为人们留
xià le bù shǎo yǒng chá de shī lián hé
下了不少咏茶的诗联和
qù wén
趣闻。

xiāng chuán sū dōng pō chū dào
相传，苏东坡初到
háng zhōu zuò guān shí yǒu yì tiān dào mò
杭州做官时，有一天到莫
gān shān yóu wán jìng wàng jì le shí
干山游玩，竟忘记了时

间，不知不觉半天时间就过去了。这时，苏东坡感觉有些累了，正巧看到半山腰有一座寺庙，便走上前去推开寺门，打算进去歇歇脚。苏东坡看到寺里的住持正在喝茶，一个小和尚在旁边站着，便上前打招呼。

住持不知苏东坡的底细，就把他当作普通游客对待。住持也不起身，对苏东坡说："坐。"然后，他吩咐小和尚说："茶。"于是，小和尚端出一碗普通的茶。

苏东坡坐下后，主动与住持聊起来。住持发现苏东坡谈吐高雅，不像普通的游客，便站起身说："请到客房小坐。"他把苏东坡引进客房，主动行礼道："请坐！"然后，他又吩咐小和尚说："敬茶！"于是，小和尚捧出一碗较好的茶。

又交谈了一番，住持才知道面前的这位游客竟然是大名鼎鼎的苏东坡，赶紧起身，

情不自禁地说：“请上坐！”然后，他再次吩咐小和尚说：“敬香茶！”于是，小和尚奉上一碗上好的茶。

临别时，住持向苏东坡求字留念。苏东坡略微思考了一下，写出一副趣联：“坐，请坐，请上坐；茶，敬茶，敬香茶。”住持看后，顿时面红耳赤，羞愧不已。

趣味点

中国是茶的原产地，史书上有很多关于饮茶的记录，世界上很多地方饮茶的习惯都是从中国传过去的。

中国人对茶非常熟悉，上至帝王将相，下至平民百姓，无不以茶为好。尤其文人墨客，更是将茶与文化融合，形成了独特的茶文化。人们常说“开门七件事，柴米油盐酱醋茶”，由此可见茶已深入各个阶层。

乔迁之喜

乔迁是指升官还是搬家？

乔迁，原意是鸟儿飞离深谷，迁到高大的树木上去；后来，古人用来做祝贺用语，是贺人迁居或贺人官职升迁之辞。它出自《诗经·小雅·伐木》：“出自幽谷，迁于乔木。”现在，人们常用“乔迁之喜”祝贺住宅、办公室搬家等。

相传，“乔迁之喜”的说法，与一个民间故事有关。

从前，有一个叫乔大的渔夫，勤劳朴实、心地善良，过着自给自足的生活。有一天，乔大收网时，发现网里有一条大鲤鱼，就把它带回家，与其他鱼一起放进一个大水缸里。夜里，他睡得正香，突然被外面的一阵响声惊醒了。

乔大出去一看，发现那条大鲤鱼跳到水缸外面，蹦出了很远。他走过去把大鲤鱼捡起来，准备放回大缸里，突然发现大鲤鱼竟然流泪了。乔大认为，大鲤鱼肯定不一般。于是，他赶紧把大鲤鱼单独放进一个大水缸里，第二天把它带到被捞起的地方放掉了。

几年后的一天，乔大正在收网捞鱼，突然一个巨浪打来，一条巨龙顺着巨浪飞到了空中，对乔大说："我就是当年你放生的那条'大鲤鱼'，今天特来报恩。七天之后，这里所有的村庄都会被洪水淹没。你要赶快离开这里。"说完，巨龙就飞走了。

乔大听了巨龙的话，没有独自逃生，而是赶紧回村燃放鞭炮报信，让村民们赶快搬迁。由于乔大报信及时，村民们都平安地逃过了这一劫。后来，人们搬家时，就放鞭炮告知邻里乡亲，以求平平安安。

于是，民间就有了“乔迁之喜”的说法，并逐步演化成祝贺用语。

查一查

中国喜事是中国传统文化的一种重要表现形式，承载着中国人民对美好生活的向往和期待。许多传统的中国喜事习俗得到了很好的传承。

中国喜事涵盖了许多方面，比如婚礼、寿宴、满月酒、乔迁、节日庆典（中秋、国庆、春节）等。

小朋友，你知道这些喜事都包含什么内容吗？

管鲍之交

什么是真正的友情？

人们常用“管鲍之交”这个成语形容两个人之间的交情深厚。“管鲍”，是指我国春秋时期的政治家管仲和鲍叔牙二人。鲍叔牙不仅可以算作管仲的至交，而且还是管仲的伯乐呢！那么，他们俩是如何建立起深厚友谊的呢？

管仲，名夷吾，是颍上（颍水之滨）人。他年轻的时候，经常与鲍叔牙来往，鲍叔牙知道他贤明、有才干。管仲家境贫困，又要奉养母亲，鲍叔牙知道后，就找管仲一起投资做生意。虽然管仲经常拿走利润的

大部分，但鲍叔牙始终待他很好，不因为这件事而有什么怨言。

后来，管仲和鲍叔牙一起去参军打仗，每次进攻的时候，管仲都躲在最后面，大家就骂管仲是贪生怕死之人。鲍叔牙马上替管仲说话，说他并不是怕死，而是得留着性命去照顾母亲。管仲听到这些话非常感动，说：“生我者父母，知我者鲍子也！”从此，他们成为至交好友。

后来，鲍叔牙服侍齐国的公子小白，管仲服侍公子纠。小白被立为国君（齐桓公）后，公子纠被杀死，管仲被捉住。鲍叔牙认为管仲是难得的人才，就向齐桓公保荐管仲。管仲被任用以后，在齐国掌理政事。齐桓

gōng hòu lái chēng bà bìng yǐ bà zhǔ de shēn fèn duō cì zhào jí zhū hóu
公后来称霸，并以霸主的身份多次召集诸侯
huì méng zhè dōu shì guǎn zhòng de zhì móu
会盟，这都是管仲的智谋。

bào shū yá jǔ jiàn le guǎn zhòng zhī hòu zì jǐ xīn gān qíng yuàn
鲍叔牙举荐了管仲之后，自己心甘情愿
zài guǎn zhòng de lǐng dǎo xià wéi guān zuò shì tiān xià rén dōu zàn měi bào
在管仲的领导下为官做事。天下人都赞美鲍
shū yá de xián dé bǎ tā hé guǎn zhòng de shēn hòu yǒu yì chēng wéi zhēn
叔牙的贤德，把他和管仲的深厚友谊称为真
zhèng de yǒu qíng hòu lái rén men chēng zàn péng you zhī jiān yǒu shēn hòu
正的友情。后来，人们称赞朋友之间有深厚
de yǒu yì shí jiù huì shuō tā men shì guǎn bào zhī jiāo
的友谊时，就会说他们是“管鲍之交”。

想一想

下面都是表示交友的成语，请你将它们补充完整。

八（ ）之交	布（ ）之交
管（ ）之交	知（ ）之交
刎（ ）之交	舍（ ）之交
胶（ ）之交	鸡（ ）之交
忘（ ）之交	生（ ）之交

【参考答案】

八（拜）之交	布（衣）之交
管（鲍）之交	知（音）之交
刎（颈）之交	舍（命）之交
胶（漆）之交	鸡（黍）之交
忘（年）之交	生（死）之交

做东

为什么请客时说“做东”？

平时，当我们请朋友吃饭时，总会说：“今天我做东。”为什么请客吃饭时说“做东”，而不说“做南”“做北”或“做西”？其实，这跟中国古代待人接物的一些礼仪有关。在中国的传统礼仪文化中，一直认为南尊北卑、东首西次。

古人把南视为至尊，而把北视为失败、臣服。帝王坐北朝南，宫殿和庙宇也是面朝正南。所以，人们把登基做皇帝称为“南面称尊”，而把打了败仗称为“败北”，把臣服于他人称为“北面称臣”。

在东西方向上，古人以东为首、西为次，例如太子、太后的住处称为“东宫”，妃子们的住处则称为“西宫”。

我国民间的房子也大都是坐北朝南，房子正中往往是客厅，在客厅朝南的位置通常会摆放两张椅子，一张在东、一张在西。接待客人时，主人会先把客人迎到西边的椅子上坐下，然后自己才在东边的椅子上坐下。

古时有些人家会在客厅门前修东、西两条并排的小路，客厅门前的台阶也分为东、西两处。迎接客人时，仆人会把客人引到西边的小路上，由西边的台阶进入客厅；若是主人迎接，则与客人并排走在东边的小路上，由东边的台阶进入客厅。在《礼记》中就有这样的记载：“主人就东阶，客就西阶。”

后来，人们就把主人宴请宾客的行为称为“做东”。

学传统

东汉初年，有一位知名的学者叫桓荣，他在六十多岁时才受到光武帝刘秀的赏识。后来，太子刘庄拜桓荣为老师，对他十分尊敬。刘秀去世后，刘庄登上皇位，史称汉明帝。当时，室内的座位以面向东方为最尊，即西席。所以，刘庄请桓荣讲解经文时，就让桓荣坐在西席，以表示对老师的尊敬。于是，人们就把家庭教师称为“西席”，后来把所有老师都尊称为“西席”。

东道主

东道主是东方道路上的主人吗？

“东道主”一词出自《左传》，源自春秋时期的一个故事。

公元前630年，晋文公联合秦穆公率军包围了郑国函陵（在今河南新郑北）。于是，郑文公向老臣烛之武请教解救郑国的计策。烛之武决定前往秦国军营，劝秦穆公退兵。

当天夜里，郑国士兵用绳索吊着一个大筐，将烛之武从城头吊送到城外。烛之武随即赶往秦国军营，面见秦穆公。

烛之武巧妙地利用秦、晋两国之间的矛盾，对秦穆公说："秦、晋两国联合起来攻打郑国，郑国一定会被灭掉。可是，灭掉郑国后，郑国的土地根本没法儿归入秦国，到头来只能便宜了您的邻国晋国。晋国的国力增加一分，秦国的国力就相应地削弱一分。"

秦穆公觉得烛之武说得很有道理。接着，烛之武又说："如果您不灭郑国，郑国将会成为秦国东进道路上的主人，您的使者来往经过郑国，郑国可以供给他们缺少的东西。"其实，烛之武的意思是，郑国与楚、晋等国接壤，将来秦国东进称霸中原时，郑国可以作为战略基地，为秦国提供补给。

就这样，秦穆公被烛之武说服了，不仅与郑国签订盟约，把大军撤了回去，而且留下两千秦军帮助郑国守卫城池。晋文公独木难支，只好无奈地撤军了。

当时，秦国在西，郑国在东，晋国在秦、郑两国之间，所以烛之武把郑国称为“东道主”。后来，人们就用“东道主”指接待或宴请宾客的主人，并沿用至今。现在，人们把举办国际性的运动会或专项比赛的国家，也称为“东道主”或“东道国”。

趣味点

东道主，原意指东方道路上的主人，现在泛指宴请宾客的主人。那么，是否存在西道主、南道主、北道主呢？其实，它们也是存在的，都有史料记载。比如，《后汉书》有“北道主人”的记载，《魏书》有“南道主人”的说法，“西道主人”则见于唐朝温大雅的《大唐创业起居注》。它们的意思与东道主基本一样，只是东道主最为常用罢了。

千里送鹅毛

为什么不是千里送鹅呢？

相传，唐朝贞观年间，位于云南的南诏为了表示对大唐的友好，派使者缅伯高带着一只稀有的白天鹅作为贡品，进京献给唐太宗。缅伯高每天亲自给白天鹅喂水、喂食，生怕它有个三长两短。

一天，缅伯高来到一个大湖的湖边，见湖水清澈碧透，宛如明镜，便放下装着白天鹅的笼子，痛痛快快地喝了个够，又洗了把脸。这时，他看到白天鹅吃力地喘息着，心想：禽兽与人一样，也需要饮水、洗澡。

于是，缅伯高打开笼子抱出白天鹅，准

备让它也喝点儿水、洗洗澡。谁知道，白天鹅喝足了水，脖子一扬，翅膀一扇，扑棱一下飞上了天。慌乱之中，缅伯高只抓住了一根雪白的鹅毛。

缅伯高左思右想，进退两难：丢了贡品，回到南诏是杀头之罪；没有贡品，到了京城也不能面见唐太宗。

突然，缅伯高想到唐太宗是一位开明的君王，据实相告，或许能得到他的谅解。于是，他拿出一块白绸把那根鹅毛包好，并在白绸上写了一首诗：

天鹅贡唐朝，山高路远遥。
沔阳湖失宝，倒地哭号啕。
上复唐天子，请饶缅伯高。
礼轻情义重，千里送鹅毛。

然后，他就带着这份特殊的贡品，继续进京去面见唐太宗。

唐太宗接见缅伯高时，看着那根羽毛和那首诗，又听了缅伯高的诉说，认为缅伯高千里送鹅毛难能可贵，不但没有怪罪他，反而觉得缅伯高忠于职守，不辱使命，重重地奖赏了他。

从此，人们便用“千里送鹅毛”这个成语比喻礼物虽然微薄但情意深厚。

第5章

个人修养有礼仪

gè rén xiū yǎng yǒu lǐ yí

丁丁有话说

常言道："人无礼则不生，事无礼则不成，国家无礼则不宁。"个人礼仪往往是一个人内在素养和道德修养的体现。比如，张良为什么帮老人捡鞋？孟母为什么要割断织物？……这些故事背后包含哪些礼仪常识呢？

亲尝汤药

亲尝汤药是因为汤药好喝吗？

大家都知道，药大多是苦的，尤其是汤药的味道更是不敢恭维。既然汤药不好喝，为什么还有人没生病也要亲自尝一尝呢？原来，这是一个讲述汉文帝刘恒孝行的故事。

公元前202年，刘邦建立了汉朝政权。他的第四个儿子刘恒，也就是后来的汉文帝，是一个有名的大孝子，对自己的母亲薄太后很是孝顺，不管她有什么事，都有求必应。

公元前180年，刘恒继位，史称汉文帝，他虽然日理万机，侍奉母亲却从不懈怠。

有一次，薄太后患了重病，这可急坏了刘恒，他到处寻找名医为母亲治病。可是，无论找什么人、如何医治，薄太后的病都没有好转，一病就是三年卧床不起。

人们常说，久病床前无孝子。可是，刘恒一直很孝顺自己的母亲。薄太后的病一天比一天严重，刘恒日夜守护在她的床前，每次看到薄太后睡了，才趴在她床边睡一会儿。

刘恒不但每天侍候薄太后，而且每次煎完药，他都要自己先尝一尝，看看汤药烫不烫，觉得可以喝了，才让薄太后喝下。

刘恒孝顺母亲的事在民间广为流传，人

们都为他的德行所折服，称赞他是一个仁孝之人，并写了一首诗颂扬他的孝行：“仁孝闻天下，巍巍冠百王。母后三载病，汤药必先尝。”

刘恒在位期间，重德治、兴礼仪，使汉朝社会稳定，人丁兴旺。后人为了纪念刘恒的仁政和他的孝道，将他的故事写入“二十四孝”中。

收藏夹

中国自古以来就是孝道之国。我们来读一读关于孝顺的谚语吧。

千万经典，孝义为先

释义：成千上万部经典都在强调，孝和义是人首先应当做到的。

吃遍天下盐好，走遍天下娘好

释义：天底下没有比盐更美味的食物，天底下没有比母亲对自己更好的人。

儿行千里母担忧

释义：母亲时刻惦记出门在外的孩子。

百里负米

百里负米是指借米奉养亲人吗？

“百里负米”中的“负”是驮、背的意思，与借米没有任何关系。这个故事同样出自“二十四孝”，讲述的是孔子的弟子子路的孝行。有诗颂曰：“负米供旨甘，宁辞百里遥。身荣亲已殁，犹念旧劬劳。”

仲由，字子路，春秋时期鲁国人，孔子的得意弟子，以善于处理政事著称，性格直率勇敢，十分孝顺。早年，子路家里非常穷，但他侍奉父母极尽孝心，即使家徒四壁，也要竭尽所能让父母吃饱穿暖。由于生活过于困窘，米价昂贵，子路只能经常给父

mǔ chī yě cài
母吃野菜。

yì tiān zǐ lù tīng shuō bǎi lǐ zhī wài
一天，子路听说百里之外
yǒu gè dì fang mài de mǐ hěn pián yi yú shì
有个地方卖的米很便宜，于是
tā lì kè gǎn wǎng nà lǐ zǒu dào nà lǐ
他立刻赶往那里。走到那里
shí tiān sè yǐ wǎn mǐ yǐ shòu wán le
时，天色已晚，米已售完了。

zǐ lù wèi le bǎo zhèng dì èr tiān néng mǎi dào
子路为了保证第二天能买到
mǐ biàn zuò zài le mǐ diàn mén qián děng zhe dì èr tiān mǐ diàn kāi
米，便坐在了米店门前，等着第二天米店开
mén wǎn shang tā yòu lěng yòu è dàn yì xiǎng dào guò le jīn wǎn
门。晚上，他又冷又饿，但一想到过了今晚
fù mǔ jiù yǒu mǐ chī le biàn yòu jiān chí xià qù
父母就有米吃了，便又坚持下去。

dì èr tiān zǐ lù zhōng yú mǎi dào le mǐ yú shì tā bēi
第二天，子路终于买到了米，于是他背
zhe mǐ gāo xìng de wǎng jiā gǎn kě shì bàn lù shàng xià qǐ le
着米高兴地往家赶。可是，半路上下起了
qīng pén dà yǔ lù dōu kàn bù qīng xíng rén dōu zhǎo dì fang qù bì
倾盆大雨，路都看不清，行人都找地方去避
yǔ yīn wèi yǔ xià de dà zǐ lù yě dǎ suàn zhǎo gè dì fang duǒ
雨。因为雨下得大，子路也打算找个地方躲
yǔ dàn yì xiǎng dào fù mǔ hái zài jiā jiāo jí de děng zhe tā tā
雨，但一想到父母还在家焦急地等着他，他
biàn bǎ mǐ bào zài huái lǐ gōng zhe yāo mào yǔ wǎng jiā pǎo dào jiā
便把米抱在怀里，弓着腰冒雨往家跑。到家
hòu tā gǎn jǐn yòng mǎi lái de mǐ gěi fù mǔ zuò fàn kàn dào fù
后，他赶紧用买来的米给父母做饭，看到父
mǔ chī de xiāng pēn pēn shí zǐ lù xīn lǐ fēi cháng gāo xìng
母吃得香喷喷时，子路心里非常高兴。

多年后，父母去世了，子路也做了官，随从的车马有百乘之众，所积的粮食有万钟之多，家里再也不缺吃的了。但是子路常常怀念双亲，叹息说：“即使我想吃野菜，为父母亲去负米，哪里还有这样的机会呢？”

后来，人们就用“百里负米”指尽心赡养、孝敬父母。

想一想

“树欲静而风不止，子欲养而亲不待。”我们长大后想要报答父母时，父母却已经老了，能孝敬他们的时间在一日日递减。如果我们不能及时行孝，会留下遗憾，所以孝养父母要及时。“生时尽力，死后思念。”子路为我们树立了良好的榜样。

不食无主之梨

不吃梨是因为梨不好吃吗？

许衡是元朝初期的名臣，也是一位著名的学者。他不但勤奋好学，而且十分注意自己的品德修养。

年轻的时候，许衡为了躲避战乱，曾经跟很多人一起逃难。有一天，由于走了很远的路，天气又热，大家都十分口渴。路旁正好有一棵梨树，大家都争着摘梨吃，只有许衡独自端坐在梨树下，安然如常。

有人看到只有许衡一直坐着不动，觉得很奇怪就问他：“你为什么不摘梨吃呢？”许衡问道：“梨树的主人在吗？”那个人说

méi yǒu zhǔ rén xǔ héng biàn zuò zhe bú zài shuō huà le
没有主人，许衡便坐着不再说话了。

zhè shí lìng wài yí gè rén shuō lí shù de zhǔ rén bú
这时，另外一个人说：“梨树的主人不
zài zhè lǐ wǒ men zhāi jǐ gè lí jiě shǔ yě méi guān xì ba
在这里，我们摘几个梨解暑也没关系吧。”
xǔ héng yáo zhe tóu rèn zhēn de shuō bù shǔ yú zì jǐ de dōng
许衡摇着头，认真地说：“不属于自己的东
xi què qù ná zhè shì bù kě yǐ de
西却去拿，这是不可以的。”

qián miàn nà ge rén yòu shuō xiàn zài shí jú zhè me luàn
前面那个人又说：“现在时局这么乱，
zhè xiē lí zǎo jiù méi yǒu zhǔ rén le xǔ héng shuō lí méi
这些梨早就没有主人了。”许衡说：“梨没
yǒu zhǔ rén nán dào wǒ xīn zhōng yě méi yǒu zhǔ rén ma bié rén
有主人，难道我心中也没有主人吗？别人
diū shī de jí biàn shì hěn xiǎo de yì diǎnr dōng xi rú guǒ wéi
丢失的，即便是很小的一点儿东西，如果违
bèi le dào yì yě bù néng jiē shòu bié rén jiā de tíng yuàn lǐ yǒu
背了道义，也不能接受。别人家的庭院里有
guǒ shù guǒ zi shú le diào luò zài dì shàng xiǎo hái zi cóng páng
果树，果子熟了，掉落在地上，小孩子从旁
jīng guò yě bú huì xié zhe yǎn jing kàn yì yǎn ér shì jìng zhí lí
经过，也不会斜着眼睛看一眼，而是径直离
qù zhè yào guī gōng yú tā jiā rén de jiào huà
去。这要归功于他家人的教化。”

许衡恪守原则，不吃无主之梨，赢得了大家的尊重，为后人深深敬仰。后来，人们就用“不食无主之梨”来比喻一个人不管在何种情况下，都能抵制外界的各种诱惑，遵从自己的内心，坚持自己的原则，保持自己的操守。

收藏夹

我国有数千年种植梨的历史，被古人称为“果宗”，意思是所有水果的祖宗。据史料记载，在周代，梨已成为我国一种受欢迎的水果。《诗经》里记载有“蔽芾甘棠”和“隰有树檖”，其中的甘棠、树檖都是指野梨。

关于梨的历史故事，除了许衡《不食无主之梨》，最有名的还有《孔融让梨》和《郑濂碎梨》，小朋友们可以找来读一读。

报复

报复是指报恩还是报仇？

“报复”是一个很有趣的词语。古时候，它既可指报仇，又可指报恩。现在，它是报仇的意思，指打击批评自己或损害自己利益的人。据《汉书·朱买臣传》记载，朱买臣“悉召见故人与饮食诸尝有恩者，皆报复焉”。这里的“报复”是指报恩。

朱买臣，字翁子，西汉吴县（在今江苏苏州）人，家境十分贫困，靠砍柴、卖柴维持生计。他非常痴迷读书，可惜四十多岁了仍然是个落魄的儒生，所以经常被大家取笑。

对此，他的妻子崔氏感到很羞愧，便请求与他离婚。朱买臣说："你受苦的日子已经很久了，等我富贵了一定报答你。"崔氏嘲笑道："像你这种人怎么可能富贵呢？我看你终究要饿死在沟壑之中。"

朱买臣没有办法，只好同意休妻。之后，朱买臣照常砍柴、卖柴，在路上边走边唱。有一次，崔氏看到朱买臣又冷又饿，就给了他一碗饭吃。

不久，朱买臣受到汉武帝赏识，被封为会稽太守。于是，朱买臣穿上过去穿的旧衣服，怀里揣着太守印绶，步行来到以前常常寄食的会稽郡府衙。众人以为他还是以前那个落魄的儒生，所以谁也没有理会他。直到大家知道他是新太守，才立即围了过来。

之前，会稽的官员听说新任太守即将到任，就征召了很多百姓修整道路。当时，朱买臣看到前妻崔氏和她的丈夫在修路，就把他们接到太守府安置下来，并为他们提供食物。然后，朱买臣又召见了以前帮助过自己的人，一一回报了他们。

这就是“报复”一词在古代的本义，后来它渐渐失去“报恩”这一层含义，而专指报仇了。

zhāng liáng bài shī

张良拜师

张良的老师是谁？

zhāng liáng shì hàn gāo zǔ liú bāng de zhòng yào móu chén tā yǐ chū
张良是汉高祖刘邦的重要谋臣，他以出
sè de zhì móu xié zhù liú bāng duó dé tiān xià rén men rèn wéi zhāng
色的智谋协助刘邦夺得天下。人们认为，张
liáng zhī suǒ yǐ néng qǔ dé rú cǐ dà de chéng jiù zhǔ yào dé yì yú
良之所以能取得如此大的成就，主要得益于
tā de lǎo shī nà me zhāng liáng de lǎo shī shì shuí ne
他的老师。那么，张良的老师是谁呢？

zhāng liáng běn shì hán guó de guì zú zǔ fù hé fù qīn xiāng jì
张良本是韩国的贵族，祖父和父亲相继
wéi hán guó wǔ shì xiàng hòu lái hán guó bèi qín guó suǒ miè zhāng
为韩国五世相。后来，韩国被秦国所灭，张
liáng guó pò jiā wáng yú shì tā shè jì cì shā qín shǐ huáng kě
良国破家亡。于是，他设计刺杀秦始皇。可
xī cì shā zuì zhōng shī bài wèi le duǒ bì zhuī bǔ zhāng liáng yǐn
惜，刺杀最终失败。为了躲避追捕，张良隐
xìng mái míng cáng zài xià pī zài jīn jiāng sū suī níng běi
姓埋名藏在下邳（在今江苏睢宁北）。

yì tiān zhāng liáng dào xià pī fù jìn de yí qiáo sàn bù zài
一天，张良到下邳附近的圯桥散步，在
qiáo shàng yù dào yí wèi lǎo rén lǎo rén zǒu dào zhāng liáng páng biān gù
桥上遇到一位老人。老人走到张良旁边，故

yì bǎ yì zhī xié diào dào qiáo xià ràng zhāng liáng bāng tā jiǎn shàng lái
意把一只鞋掉到桥下，让张良帮他捡上来。
zhāng liáng jiàn tā nián jì hěn dà jiù xià qù bǎ xié jiǎn le shàng lái
张良见他年纪很大，就下去把鞋捡了上来。
shuí zhī dào lǎo rén yòu ràng zhāng liáng bāng tā chuān xié zhāng liáng xīn
谁知道，老人又让张良帮他穿鞋。张良心
xiǎng xié dōu jiǎn shàng lái le bù rú jiù gěi tā chuān shàng ba
想，鞋都捡上来了，不如就给他穿上吧。
yú shì zhāng liáng gōng jìng de gěi lǎo rén chuān shàng xié
于是，张良恭敬地给老人穿上鞋。

lǎo rén chuān hǎo xié zhàn qǐ shēn jiù zǒu le guò le yí
老人穿好鞋，站起身就走了。过了一
huìr tā yòu zhé huí lái duì zhāng liáng shuō wǔ tiān hòu de
会儿，他又折回来，对张良说：“五天后的
zǎo shang dào qiáo shàng lái jiàn wǒ zhāng liáng kàn lǎo rén fēi tóng xún
早上，到桥上来见我。”张良看老人非同寻
cháng lián máng dá shì
常，连忙答：“是。”

dì wǔ tiān zǎo shang tiān gāng liàng zhāng liáng jiù gǎn dào
第五天早上，天刚亮，张良就赶到
le qiáo shàng bú liào lǎo rén yǐ jīng děng zài nà lǐ le
了桥上。不料，老人已经等在那里了。
tā shēng qì de shuō nǐ zěn me ràng yí gè lǎo rén děng
他生气地说：“你怎么让一个老人等
nǐ ne zài guò wǔ tiān zǎo xiē lái jiàn wǒ
你呢？再过五天，早些来见我！”

yòu guò le wǔ tiān jī yí
又过了五天，鸡一
jiào zhāng liáng jiù gǎn dào le qiáo
叫，张良就赶到了桥
shàng bú liào lǎo rén yòu xiān dào
上。不料，老人又先到
le tā shēng qì de shuō nǐ
了。他生气地说：“你

yòu bǐ wǒ wǎn dào guò wǔ tiān zài lái
又比我晚到，过五天再来。”

yòu guò le wǔ tiān zhāng liáng bàn yè jiù gǎn dào le qiáo shàng
又过了五天，张良半夜就赶到了桥上。
děng le hǎo jiǔ lǎo rén cái màn màn de zǒu shàng qiáo lái tā ná chū
等了好久，老人才慢慢地走上桥来。他拿出
yí bù tài gōng bīng fǎ jiāo gěi zhāng liáng shuō nǐ zuān yán
一部《太公兵法》交给张良，说：“你钻研
tòu zhè bù shū jiù kě yǐ zuò dì wáng de lǎo shī le
透这部书，就可以做帝王的老师了。”

cóng cǐ zhāng liáng qián xīn yán dú zhè bù bīng shū zuì zhōng chéng wéi
从此，张良潜心研读这部兵书，最终成为
zhù míng de jūn shì jiā wèi jiàn lì hàn cháo lì xià le hàn mǎ gōng láo
著名的军事家，为建立汉朝立下了汗马功劳。

收藏夹

下面是一些形容老师的成语，你还知道哪些呢？把它们都整理在一起吧！

形容老师严肃：不苟言笑　一本正经

形容老师亲切：春风化雨　平易近人

形容老师认真：兢兢业业　呕心沥血

形容老师耐心：循循善诱　诲人不倦

孟母断织

孟母为什么要割断织物？

孟子是战国时期伟大的思想家、教育家、政治家，儒家的主要代表人物之一，与孔子并称“孔孟”，被尊称为“亚圣”。

孟子幼年丧父，家境贫困，孟子的母亲靠织布维持全家人的生计。孟母是一位十分有教养的妇女，很重视对孟子的教育，盼望他能成为一个有作为的人。因此，尽管家中生活贫苦，她仍设法把孟子送入学宫读书。

有一次，孟子逃学回家。孟母十分恼火，就把她的织物割断了。孟子害怕极了，

jiù wèn mǔ qīn wèi shén me zhè yàng zuò mèng mǔ shuō zhè ge zhī
就问母亲为什么这样做。孟母说：“这个织
wù gē duàn le hái néng zài jiē shàng qù ma nǐ huāng fèi xué yè
物割断了，还能再接上去吗？你荒废学业，
rú tóng wǒ gē duàn zhè zhī wù yí yàng
如同我割断这织物一样。”

mǔ qīn yòng dāo gē duàn zhī wù zhè yí mù zài mèng zǐ xīn zhōng
母亲用刀割断织物这一幕，在孟子心中
liú xià jì jīng qiě jù de xiān míng yìn xiàng cóng cǐ zhī hòu mèng zǐ
留下既惊且惧的鲜明印象。从此之后，孟子
dú shū shí zài yě bù sān xīn èr yì le cóng zǎo dào wǎn qín fèn xué
读书时再也不三心二意了，从早到晚勤奋学
xí zuì hòu zhōng yú chéng wéi yǒu dà xué wen de rén
习，最后终于成为有大学问的人。

zhè jiù shì mèng mǔ duàn zhī jiào zǐ de gù shi mèng mǔ méi yǒu
这就是孟母断织教子的故事。孟母没有
cū lǔ de dǎ mà mèng zǐ ér shì yòng dāo gē duàn zhī wù yǐ yán
粗鲁地打骂孟子，而是用刀割断织物，以言
chuán shēn jiào de fāng shì jǐng gào mèng zǐ xué xí yí dìng yào qín fèn
传身教的方式警告孟子：学习一定要勤奋、

jiān chí bú xiè rì jī yuè lěi cái huì xué yè yǒu chéng fǒu zé
坚持不懈，日积月累，才会学业有成，否则
jiāng bàn tú ér fèi suǒ yǐ yǒu dé xíng de rén dōu shuō mèng mǔ
将半途而废。所以，有德行的人都说，孟母
dǒng de zuò mǔ qīn de fǎ zé hé lǐ yí
懂得做母亲的法则和礼仪。

学传统

孟子小时候，和母亲居住在一个离墓地很近的地方，孟子玩起了模仿祭拜之类的游戏。孟母看到后，就带着孟子搬到市集旁边，孟子又玩起了一些模仿做买卖和屠杀牲畜的游戏。后来，孟母带着孟子搬到了学宫旁边，孟子学会了鞠躬行礼、对人礼貌相待。孟母满意地说：“这才是我儿子应该住的地方呀！”于是，她就在这里定居下来。这便是“孟母三迁”的故事。

36 曾子避席

避开席子是因为席子坏了吗？

曾子，是春秋末年鲁国人。他十六岁就拜孔子为师，勤奋好学，是孔子的得意门生。齐王曾想任他为官，但曾子因在家孝敬父母，就推辞了。

可是，他为什么要避席呢？难道是因为席子坏了吗？其实，古时候避席是

yì zhǒng fēi cháng lǐ mào de xíng wéi
一种非常礼貌的行为。

kǒng zǐ shì zhù míng de jiào yù jiā hé sī xiǎng jiā yǒu yí
孔子是著名的教育家和思想家。有一
cì yí gè chuān zhe cháng shān dài zhe gāo mào de nán zǐ lái bài fǎng
次，一个穿着长衫、戴着高帽的男子来拜访
tā kǒng zǐ qǐ shēn huí lǐ bìng ràng nán zǐ zuò xià nán zǐ dào xiè
他，孔子起身回礼并让男子坐下。男子道谢
zhī hòu jiù zuò dào kǒng zǐ shēn biān de diàn zi shàng pò bù jí dài
之后，就坐到孔子身边的垫子上，迫不及待
de shuō xiān sheng yǒu yí gè wèn tí kùn rǎo wǒ hěn jiǔ le
地说：“先生，有一个问题困扰我很久了，
tīng bié rén shuō nín hěn yǒu cái huá tè dì guò lái qiú jiào tā
听别人说您很有才华，特地过来求教。”他
shuō huà de shí hou yóu yú guò yú jī dòng shǒu pèng dào le kǒng zǐ de
说话的时候由于过于激动，手碰到了孔子的
xiù zi
袖子。

kǒng zǐ bù jīn zhòu le zhòu méi jué de zhè rén de xíng wéi jǔ
孔子不禁皱了皱眉，觉得这人的行为举
zhǐ bú tài yán jǐn bú tài dǒng lǐ mào dàn shì méi yǒu biǎo xiàn chū
止不太严谨，不太懂礼貌，但是没有表现出
lái hòu lái kǒng zǐ shuō huà de shí hou nà ge nán zǐ yě duō cì
来。后来孔子说话的时候，那个男子也多次
dǎ duàn dàn kǒng zǐ bìng méi yǒu shēng qì hái shì nài xīn de tīng tā
打断。但孔子并没有生气，还是耐心地听他
shuō wán bìng gěi tā jiě shì hé jiàn yì hòu cái ràng dì zǐ jiāng qí
说完，并给他解释和建议后，才让弟子将其
sòng chū mén
送出门。

zhè shí zēng zǐ lái le tā xiàng kǒng zǐ qǐng ān hòu yě
这时，曾子来了。他向孔子请安后，也
zuò dào le kǒng zǐ shēn biān
坐到了孔子身边。

kǒng zǐ wèn tā yǐ qián de shèng xián zhī wáng yǒu zhì gāo wú
孔子问他：“以前的圣贤之王有至高无
shàng de dé xíng jīng yào ào miào de lǐ lùn yòng lái jiào dǎo tiān xià
上的德行、精要奥妙的理论，用来教导天下
zhī rén rén men jiù néng hé mù xiāng chǔ jūn wáng hé chén xià zhī jiān
之人，人们就能和睦相处，君王和臣下之间
yě méi yǒu bù mǎn nǐ zhī dào tā men shì shén me ma
也没有不满，你知道它们是什么吗？”

zēng zǐ tīng le zhè fān huà míng bai lǎo shī mǎ shàng yào gěi zì
曾子听了这番话，明白老师马上要给自
jǐ zhǐ diǎn xué wen tā méi yǒu xiàng gāng cái nà ge rén nà yàng kào jìn
己指点学问，他没有像刚才那个人那样靠近
kǒng zǐ ér shì lì kè cóng xí zi shàng zhàn qǐ lái zǒu dào xí
孔子，而是立刻从席子上站起来，走到席
zi wài miàn gōng gōng jìng jìng de shuō dào wǒ bú gòu cōng míng
子外面，恭恭敬敬地说道：“我不够聪明，
nǎ lǐ néng zhī dào zhè xiē shēn kè de dào lǐ hái qǐng lǎo shī jiāo gěi
哪里能知道这些深刻的道理，还请老师教给
wǒ zēng zǐ lí kāi xí zi yǐ biǎo shì zì jǐ duì lǎo shī de
我。”曾子离开席子，以表示自己对老师的
zūn zhòng zhè jiù shì zēng zǐ bì xí de gù shi bèi hòu rén guǎng wéi
尊重。这就是曾子避席的故事，被后人广为
chuán sòng
传颂。